일생에
한번은
독일을
만나라

일생에
한번은
독일을
만나라

독일의 문화, 역사, 그리고 삶의 기록들

박성숙 지음

21세기북스

프롤로그

여전히 아날로그에 익숙한 나라

　가끔 한국을 방문하면 독일과는 전혀 다른 생활이 시작된다. 낮게 드리워진 스카이라인과 끝없이 펼쳐진 지평선을 바라보며 여유 있게 출발하던 하루가 갑자기 숨 가쁘게 돌아간다. 직선으로 뻗어 올라간 아파트 숲 속을 빠져나와 지하철을 타고 약속 장소로 종종거리며 다니다 보면 하루 중 하늘을 바라볼 일이 별로 없다.

　그렇게 지내다가 독일에 오면 다시 느릿하게 돌아가는 일상과 적막함이 어색해지곤 한다. 열한 시간 동안 비행기를 타고 엉덩이가 짓무를 때쯤 되면 프랑크푸르트(Frankfurt) 공항에 도착한다. 아헨(Aachen)으로 오려면 다시 두 시간이나 기차를 타야 한다. 여행의 마지막 경로인 아헨행 기차에 오르면 긴장이 풀어지면서 저절로 눈이 스르르 감긴다. 그러다가 문득 눈을 뜨면 나도 모르게 옆 사람과 목청껏 이야기를 나누던 아줌마와 핸드폰 통화 소리, 스마트폰으로 TV를 보며 킥킥거리고 웃던 사람들을 찾아 두리번거린다. 아무도 없다. 안이 고요한 만큼 밖으로부터 들리는 기차 소리는 더욱 요란하다.

차창 밖 풍경들은 고층 아파트 숲들은 간데없고 끝없는 지평선으로 연결되어 있다. 한국에 있는 동안 단 한 번도 본 적 없던 지평선이 기차를 타고 가는 내내 계속된다. 울창한 숲과 초원, 나무보다 낮은 주택들이 옹기종기 모여 있는 비슷한 그림들이 가까이 다가왔다가 다시 멀어지곤 한다. 쾰른(Köln)을 지날 때 잠시 고층 건물들 사이로 사라진 지평선은 이내 다시 이어진다.

한국과 독일은 겉으로 보이는 모습부터 이렇게 다르다. 서울과 경기 지역 신도시를 생각하면 사람, 사람, 사람, 아파트, 아파트, 그리고 지하철이 떠오른다. 좁은 땅에 많은 인구가 살다 보니 당연한 일이지만 그 좁은 땅에 사는 적지 않은 인구가 서울을 중심으로만 모여 있으니 더 번잡하고 건물로 채워져 있어 삭막하다.

너무 안정되어 고요하기까지 한 사회, 독일인들에게는 익숙할지 모르지만 나 같은 외지인에게는 때론 답답하게 느껴지기도 한다. 현실에 안주하고 만족하면서 크게 욕심내지 않고, 크게 모험도 하려 하지 않는 사람들, 자신이 가진 것만큼만 즐기는 사람들. 그런 이들의 행복이 내게도 같은 행복일 수 없기에 가끔 타향 생활이 외로워지곤 하는지도 모른다.

디지털이 온통 점령한 한국에 비해 독일은 불편한 아날로그의 세상이 여전히 존재하는 땅이다. 독일에 사는 동안은 느끼지 못하다가도 한국만 가면 독일이라는 나라는 변화에 너무 둔하다는 느낌을 받곤 한다. 갈 때마다 전혀 다른 모습으로 변해 있는 한국은 볼수록 낯

설고 눈이 휘둥그레지곤 한다.

그에 비하면 독일은 10년 전이나 지금이나 크게 변하지 않았다. 천년 세월의 역사를 보여 주는 시청 건물도 석탄 연기에 시커멓게 그을린 채 아직도 건재하고, 시내 중앙 광장엔 지금도 10년 전의 물건들이 그대로 거래되는 3일장이 열리고 있다. 그 시장의 상인들도 10년 동안 크게 변하지 않았다.

일반 슈퍼마켓에서는 구하기 힘든 생선들을 늘어놓은 노점 상인은 예나 지금이나 네덜란드어 악센트가 진하게 묻어나는 독일어로 시끄럽게 거래하고 있다. 한동안 닭 날개를 사러 자주 들르던 가게도 간판이며 진열장이며 여전히 10년 전 그대로다. 광장을 오가는 사람들의 차림새도 변하지 않았다. 채도 높은 브라운과 그레이가 주를 이루는 재킷이나 카디건을 차려입은, 약간은 촌스럽지만 단정한 모습이다.

20년은 족히 넘어 보이는, 유행이 한참이나 지난 정장을 말끔하게 다려 입고 장바구니를 옆구리에 끼고 기웃거리는 할머니들을 보면 마치 1960~1970년대의 장터에 서 있다는 착각이 든다.

독일 사회를 보면 더 이상의 부나 첨단 문명을 향한 변화에 크게 가치를 두는 것 같지 않다. 사람들의 성향 또한 마찬가지여서, 악착같이 돈을 벌려는 사람도, 승진에 목을 매는 직장인도, 명예에 눈 먼 지식인도 흔치 않다. 물론 인간이 사는 세상에 그런 사람이 없다고 하면 거짓말이겠지만 그러한 경향은 일반적이고 당연하게 여겨지는 것이 아니라 선택이다. 이들은 불편한 독일을 환경친화적이라는 고급스러운 용어를 사용하며 즐기는 것 같다.

독일에 살아온 세월이 어언 14년째다. 이 책을 통해 낯선 땅에서의 지난 시간들을 반추해 보았다. 여행을 하며, 때론 사건·사고로 이 사회를 세밀하게 들여다보는 일이 내게만 흥미로운 작업은 아닐 것이란 생각에 책으로 엮어 출간하게 되었다. 얼마나 많은 사람들이 공감할 것인가에 대해서는 물음표로 남겨 두고 조심스럽게 세상에 내놓는다.

박성숙

차례

프롤로그 | 여전히 아날로그에 익숙한 나라 · 4

1 바다와 동화가 만난 북독일

그림 형제와 동화의 도시들 · 17

동화의 거리의 수도 카셀 · 19

피리 소리 따라 하멜른으로 · 26

함부르크에서 만난 한국적인 독일인 · 33

도룸과 일탈 없는 독일인의 휴가 · 40

화약 연기 속에서 맞는 새해 · 45

44명의 노벨상 수상자를 배출한 괴팅겐 · 47

브레멘 음악대의 합창 · 52

비어 가는 교회를 실내 암벽으로 개조 · 56

박람회의 도시 하노버 · 59

생활체육에 아낌없이 투자하는 나라 · 68

독일의 관문 중부 독일

독일 문화의 최고봉 쾰르너 돔 · 75

애물단지 라인-마인-도나우 운하 · 79

세상에서 가장 달콤한 박물관 · 83

네덜란드, 벨기에, 독일이 만나는 도시 아헨 · 88

한 점에서 출발하는 세 나라의 국경선 · 95

아름다운 중세 도시 몬샤우 · 103

폐광을 유럽 문화 중심으로 부활시킨 루르 · 107

110년 된 기차가 떠다니는 부퍼탈 · 111

엥겔스의 생가에서 · 119

계곡에 걸린 40개의 성, 오버레스미텔라인 · 124

천재 음악가의 누추한 생가 베토벤 하우스 · 129

자전거의 도시 뮌스터 · 133

로만틱 가도를 따라 남독일로

남독일의 심장 뮌헨 · 141

로만틱 가도에서 만난 독일인의 낭만 · 147

딘켈스빌의 아름다운 도이췌하우스 · 151

로텐부르크에서 만난 할머니들 · 158

바로크 건축의 완결판 뷔르츠부르크성 · 163

추억의 하이델베르크 · 168

2000년 전 로마가 숨 쉬는 트리어 · 179

마르크스의 고향 · 188

자르 강변의 도시 자르브뤼켄 · 193

기차역 건설을 반대하는 슈투트가르트 사람들 · 204

일본 원전 사고와 독일의 핵 정치 · 210

비상하는 도시 베를린과 구동독

끔찍한 겨울밤 아우토반 운전 · 217

얼어붙은 도시, 그러나 역동적인 베를린 · 221

동베를린과 포츠다머 플라츠 · 228

"너 인종주의자니?"는 큰 욕 · 232

도시의 심장에 드리운 나치의 흔적들 · 237

유럽에서 살해된 유대인들을 위한 추모비 · 242

벽난로 단상 · 247

한국사의 한 페이지에 기록된 포츠담 · 251

독일 통일을 이끌어낸 라이프치히의 촛불 · 258

정부를 비판해야 한다고 홍보하는 나라 · 263

이 책에 등장하는 도시들

- 도룸
- 함부(르크)
- 브레멘
- 하노(버)
- 뮌스터
- 하멜른
- 뮌헨글라드바흐
- 에센
- 괴팅겐
- 뒤스부르크
- 부퍼탈
- 도르트문트
- 쾰른
- 카셀
- 아헨
- 본
- 몬샤우
- 코블렌츠
- 프랑크푸르트
- 빙엔
- 뤼데스하임
- 뷔르츠부르크
- 트리어
- 자르브뤼켄
- 하이델베르크
- 슈투트가르트

- 네덜란드
- 벨기에
- 프랑스

바다와 동화가 만난 북독일

그림 형제와 동화의 도시들

지구상에서 성서 다음으로 가장 많은 언어로 번역되어 읽히고 있는 책은 단연 그림 형제 동화집이다. 아이들은 글자를 배우기 전부터 익숙한 어머니의 목소리로 그림 형제의 동화들을 만난다.

〈잠자는 숲 속의 공주〉〈거위 치는 소녀〉〈하멜른의 피리 부는 사나이〉〈장화 신은 고양이〉〈브레멘 음악대〉〈헨젤과 그레텔〉〈황금 거위〉〈라푼젤〉〈빨간 모자〉 등 누구든 한 번쯤 들어 보았고 직접 읽기도 했던 이 동화들은 그림 형제에 의해 수집된 독일의 전래 동화다.

160여 개의 언어로 번역되어 세계의 어린이들에게 읽히고 있는 동화모음집은 그림 형제가 가난하고 무지한 민중을 위해 쉬운 언어로 집대성한 것이라고 한다. 그림 형제의 동화집은 독일인의 자랑이다. 화폐가 유로로 통합되기 전 1000마르크짜리 지폐에도 그림 형제를 새겨 놓았을 정도였다.

그림 형제가 그려진 옛 독일 1000마르크 지폐

어디에서 그 많은 동화를 수집했을까? 그림 형제가 구전동화를 수집했던 도시들, 그들이 출생해서 성장하고 운명을 다할 때까지 거쳐 갔던 장소들, 그들의 발자취를 따라갈 수 있는 길이 있다. 그 길을 따라가면 그림 형제와 관련 있는, 그들이 수집한 동화가 깃든 마을이 옛 모습 그대로, 때론 동화를 모티브로 흥미롭게 재현되어 볼거리들을 제공한다. 1975년, 그 도시 중의 하나인 슈타이나우(Steinau)에서 '독일 동화 가도(Deutsche Märchenstraße)'가 탄생했다.

하나우(Hanau)에서 브레멘(Bremen)까지 600km의 긴 구간에 인접한 60여 개의 크고 작은 도시들이 각기 동화와 관련된 문화 상품을 만들어내기도 하고 그림 형제의 흔적들을 부각하며 관광지로 발전하기 시작했다. 이때부터 이 거리는 로만틱 가도(Romantische Strasse)와 함께 독일에서 가장 사랑받는 휴양지로 각광받고 있다.

피리 부는 사나이를 따라간 아이들이 다시는 돌아오지 않았던 도시 하멜른(Hameln), 브레멘 음악대의 나팔 소리가 울리는 브레멘, 숲 속에 공주가 잠자는 도시 자바부르크(Sababurg), 신데렐라가 살던 성이 있는 폴레(Polle), 라푼젤의 트렌델부르크(Trendelburg), 거위 치는 소녀가 살았던 괴팅겐(Göttingen), 수없이 펼쳐진 신기한 이야기의 세계가 동화가도를 따라 연결된다.

야콥(Jakob Grimm, 1785~1863)과 빌헬름 그림(Wilhelm Grimm, 1786~1859) 형제는 하나우에서 태어났고 유년을 그곳에서 보냈다. 그들은 똑같이 카셀(Kassel)에서 상급 학교를 졸업하고, 마부르크 대학에서 수학했다. 대학을 졸업한 후 다시 카셀로 돌아가 도서관 사서로 일하기도 했고,

1830년부터 1837년까지 야콥은 괴팅겐 대학 언어학 교수이면서 도서관장으로, 빌헬름은 교수로 재직했다. 괴팅겐에서 그들은 하노버 왕의 헌법 위반을 규탄한 괴팅겐 7교수 사건에 연루되어 추방당했다. 그림 형제는 연년생으로 태어났지만 취미도 재능도 쌍둥이처럼 비슷했다. 그들은 함께 언어학을 전공했고 『그림 동화』와 『독일 우화』 『독일어 사전』 등을 공동으로 저술하기도 했다.

야콥과 빌헬름은 카셀 도서관에 있는 동안 동화를 수집하기 시작했다. 후에 그 동화들을 책으로 묶어 『그림 형제 동화(Kinder-und Hausmärchen)』를 펴낸 것이다. 사실 그들이 동화를 수집하게 된 동기는 언어학과 문헌학 자료를 위해서였다고 한다. 수집 당시에는 동화모음집을 통해 그림 형제가 세상에 알려질 것이라고는 예측하지 못했을 것이다. 형제는 모든 방면에서 뜻을 함께했지만 언어학 분야에서는 야콥이 빌헬름보다 뛰어났고, 그림 동화를 편찬할 때는 빌헬름이 열심이었다. 함께 수집한 전래 동화들을 문학적으로 재창조해서 '그림 동화'로 완성하는 데 더 많이 공헌한 사람은 빌헬름이었다.

동화의 거리의 수도 카셀

독일 동화의 거리의 수도는 카셀이다. 유명한 그림 형제 박물관이 있고 도시 곳곳에 그들의 흔적이 남아 있다. 프랑크푸르트에서 자동차로 한 시간 정도 달리면 헤센(Hessen) 주 카셀에 닿는다. 베저(Weser)

강과 풀다(Fulda) 강을 끼고 발달한 이 도시는 1000년 전 프랑켄 왕이 살았던 땅이다. 제2차 세계대전 당시 항공기와 전차를 생산했던 중요 군수품 생산지였기에 전쟁 때 집중적인 폭격으로 도시 전체가 파괴되었다. 현재의 건축물들은 대부분 전쟁 후 재건되었다.

야콥과 빌헬름은 1798년 상급 학교에 진학하기 위해 친척 아주머니를 따라 카셀에 왔다. 그 후 그들은 30여 년을 이 도시에 머물렀다. 앞서 말했듯 마부르크(Marburg)에서 대학을 마치고 다시 카셀로 돌아와 현재의 프리데리치아눔(Fridericianum)에서 도서관 사서로 일했다. 형제는 개인적인 시간이 많았던 도서관에 근무하면서 동화 수집과 함께 독일어 연구에 집중할 수 있었다. 후에 그들은 "카셀에서 보냈던 날들이 자신들의 인생에서 가장 행복했던 시간이었다"고 회고하기도 했다.

카셀은 그림 형제보다 세계적인 전시회 도쿠멘타(Dokumenta)의 도시로 더 많이 알려져 있다. 5년마다 한 번씩 열리는 도쿠멘타는 동시대 예술의 정수를 볼 수 있는 초대형 전시회로 한 번 열리면 100여 일 동안 지속되어 '100일의 박물관(Museum der 100 Tage)'으로도 불린다.

반세기의 전통을 자랑하고 있는 전시회는 1955년 아놀드 보데(Arnold Bode, 1900~1977)에 의해 기획되었고, 첫 전시회가 개최된 이래 갈수록 세계적인 명성을 더해 가며 오늘에 이르렀다. 아놀드 보데는 카셀이 낳은 유명한 화가이자 미술 교수다. 카셀아카데미에서 회화와 그래픽을 전공하고 미술대학 교수를 지내면서 공간미술과 스케치, 회화 부문에 많은 작품을 남겼다.

도쿠멘타란 말은 그가 창안한 예술적 신조어다. 문서란 의미의 도쿠멘타치온(Dokumentation)에서 나온 도쿠멘타는 라틴어의 '가르치다'는 뜻의 도세레(docere)와 영혼을 의미하는 멘스(mens)의 복합어 도쿠멘툼(documentum)의 어미에, 운율감을 더하기 위하여 'a'를 덧붙인 단어라고 한다.

도쿠멘타가 개최되는 역사적인 프리데리치아눔 또한 이 도시의 가장 의미 있는 건축물 중 하나다. 1769년부터 10여 년에 걸쳐 지어진 이 건물은 전면이 80m나 되며 이오니아식 기둥으로 중심을 잡도록 설계한 그 시대의 유명한 고전주의 건축가 시몬 루이스(Simon Louis du Ry)의 걸작이다.

프리데리치아눔은 유럽에서 가장 먼저 영주와 귀족의 수집품을 공개한 박물관으로도 유명하며, 현대 미술관인 쿤스트할레 프리데리치

세계적인 미술 전시회, 도쿠멘타의 도시 카셀은 어디를 가나 쉽게 예술 작품을 만날 수 있다. 프리데리치아눔 박물관 옆 상가 건물을 장식한 조형물

산책 코스로도 좋은 깔끔한 주택가

아눔(Kunsthalle Fridericianum)이 들어 있다.

  카셀 시내를 벗어나면 여느 도시와 마찬가지로 조용한 주택가가 연결되어 있다. 동화의 도시란 말이 어울릴 정도로 집들의 장식이 이채롭게 다가왔다. 보통 산책 코스라면 으레 공원이나 숲을 떠올리지만 독일에서는 굳이 그렇게 먼 곳까지 갈 필요가 없다. 공기야 어디를 가도 맑고, 길은 항상 잘 정돈되어 있기 때문에 문밖만 나서도 기분이 상쾌하다.

  나는 어디를 가든 주택가 골목 산책을 좋아한다. 독일 주택가를 거닐면 지루하지 않다. 집집에 나 있는 창문마다 볼거리를 제공해 주기 때문에 구경하는 재미가 쏠쏠하다. 특이한 인형부터 갖가지 수공예품,

비싼 화분, 화려한 모빌 등등. 집 안에서 제일 고급스럽고 깔끔한 장식품은 죄다 나와 있다. 그리고 그것들이 집 안을 보고 있는 것이 아니라 밖을 향하고 있다.

창가에 있는 인형이 방 안을 보고 앉아 있는 우리나라 가정집 데코레이션과는 사뭇 대조적이다. 장식도 봄, 여름, 가을, 겨울, 철마다 바뀐다. 사탕 축제로 유명한 로젠몬탁부터 부활절, 크리스마스, 늦가을 등불 축제인 잔트마틴까지, 주제마다 모양과 색감도 다양하다. 지역 부호들이 많이 사는 동네를 지나가면 전시장을 방불케 할 정도로 아이디어도 풍부하고 디자인도 세련된 예술품들이 동네의 가치를 올려 주는 데 톡톡히 한몫한다.

처음 한동안은 많이 궁금했다. 왜 독일인은 인형을 밖을 향해 진열

집 밖을 향하고 있는 창문 장식

할까. 길 가는 사람들을 기쁘게 해 주기 위해서? 아니면 '나는 이렇게 예쁜 인형을 가지고 있다'고 자랑하고 싶어서? 정답은 후자였다.

사람들을 점차 알아 가면서 그 이유도 자연스럽게 알게 되었다. 독일인들은 얼핏 보기에는 남들을 의식하지 않는 것처럼 보이지만, 그것은 너무나 개인주의적인 성향이 강하기 때문이고, 알고 보면 남에게 보이는 자신의 모습을 중요하게 생각한다.

창문 장식에 그렇게 많은 정성을 쏟는 것이 바로 그 일 중의 하나다. '나는 이렇게 예쁘게 꾸미고 산다'는 것을 남들에게 알리고 싶어서. 그러다 보니 그 비싼 인형과 인사도 한번 못하고 온종일 인형 궁둥이만 보고 살게 되는 것이다.

최악의 경우 어떤 집은 집 안은 전쟁터처럼 지저분하고 냄새나게 해 놓고 살면서 창문을 장식하는 일은 완벽에 가깝게 한다. 때문에 지나가는 사람들은 아무도 모른다. 그 집 안은 폭탄이 떨어진 것처럼 난리 통이라는 사실을.

대부분의 독일인은 정리·정돈을 잘하고 청결에 신경을 많이 쓴다. 세계에서 쓸고 닦고 정리하는 데 1등이라면 아마 일본인과 함께 독일인을 꼽을 수 있을 것이다. 어찌나 깔끔한지 가구며 창문이며 먼지 앉을 틈도 없이 닦아 대는 데, 파리가 앉았다가 미끄러질 지경이다. 그러나 예외는 항상 있기 마련이다.

큰아이 초등학교 친구들 두 명의 집이 딱 그랬다. 한 친구는 가까이 사는 이웃이기도 해서 자주 놀러 가곤 했다. 그 친구는 정원이 딸린 예쁘고 자그마한 단독주택에 살고 있었다. 집 앞을 지날 때마다 언

제2차 세계대전 후 새롭게 지어진 카셀 시청

제나 깔끔하고 예쁜 창문 장식이 인상적이었다. 부모들도 인텔리 냄새를 폴폴 풍기는, 쉽게 가까이하기에는 좀 부담스러운 전형적인 독일인이었다.

그런데 어느 날 놀러 간 우리 아이를 데리러 그 집에 갔다가 민망해서 어쩔 줄을 몰라 했던 적이 있었다. 집 밖은 정원이며 현관이며 창문까지 예쁘고 깔끔하게 꾸며 놓았는데 막상 안에 들어서니, 맙소사! 전쟁터도 그런 전쟁터가 없었다. 들어오라고 해서 선뜻 들어서기는 했는데, 못 볼 장면이라도 본 듯 민망해서 눈을 어디에 둘지 몰라 우왕좌왕했다.

내 마음을 읽기라도 한 듯 "우린 이렇게 살아요. 난 집 청소보다 맛있는 요리를 해 먹는 게 재미있어서……"라며 그 아이 엄마가 멋쩍게 웃었다. 예상 밖이라 좀 민망하기는 했지만 그때부터 그 아이 엄마가 참 편해졌던 것 같다.

피리 소리 따라 하멜른으로

1284년, 독일의 작은 마을 하멜른에는 갑자가 쥐들이 들끓어 평화로웠던 도시가 엉망이 되어 가고 있었다.

그러던 어느 날 걱정하는 시민과 시장 앞에 울긋불긋한 치마와 스카프를 두른 한 낯선 사나이가 피리를 들고 찾아와 쥐를 잡아 주겠다는 제안을 했다. 시장과 이 마을 사람들은 사나이에게 쥐만 잡아 주면

하멜른 시청 광장의 쥐 잡는 사나이 분수

많은 상금을 주겠다고 약속했다.

이윽고 사나이가 피리를 불기 시작하자 온 도시의 쥐들이 달려 나와 뒤를 쫓았다. 그는 하멜른의 쥐들을 모두 몰아 베저 강에 빠져 죽게 했다. 마침내 쥐들은 모두 사라졌지만 시장과 마을 사람들은 상금을 주겠다던 약속을 지키지 않았다.

그리고 6월 26일, 침울한 모습으로 마을을 떠났던 사나이는 사냥꾼 차림으로 다시 나타나 골목골목 다니면서 피리를 불었다. 이번에는 이 마을 어린이들이 모두 그의 뒤를 따랐다.

사나이는 아이들을 데리고 아무도 찾아갈 수 없는 산속으로 유유히 사라져 버렸다. 이때 따라갈 수 없었던 두 아이가 돌아왔지만 한 아이는 장님이었고 다른 아이는 벙어리였기 때문에 다시 길을 찾아낼 수도 설명할 수도 없었다고 한다. 얼마 후 또 한 아이가 돌아왔지만 그 아이는 절름발이여서 따라갈 수 없어 되돌아왔다. 그때 사라진 아이들은 모두 130명이나 된다고 한다.

어릴 때 많이 읽었던 독일 동화 〈하멜른의 피리 부는 사나이〉다. 이 동화에는 독일인이 왜 신용을 그 어떤 것보다 중히 여기는지가 잘 나타나 있다.

동화의 흔적을 찾아 5만 8000명의 인구가 살고 있는 작은 도시 하멜른에는 해마다 수많은 사람들이 찾아오고 있다. 어디선가 들려오는 아련한 피리 소리를 따라온 사람들이 지금도 아이들을 찾아 헤맬 것 같은 도시. 하멜른 곳곳에는 피리 부는 사나이의 동상이 서 있다. 피리를 불면서 베저 강으로 유유히 쥐를 몰고 간 사나이가 여전히 이 도시에 남아 약속을 지키지 않은 하멜른 사람들을 꾸짖고 있는 듯했다.

그러나 하멜른 역에 내리는 순간 이 지역에 실망할 수도 있겠다는 생각이 들었다. 역사는 최근에 지어져 깊은 이야기가 깃들어 있을 것 같지 않은 심플한 현대식 건물이었다. 1872년에 기차가 달리기 시작했던 하멜른 역은 1945년, 전쟁으로 파괴된 아픈 역사를 간직하고 있다. 이 역은 1985년에 철거되었다가 지난 2002년부터 2006년 사이에 새롭게 단장하여 문을 열었다.

초인적인 낭만을 음유하던 하멜른의 사나이는 어디에서도 나타날 것 같지 않은 모던한 분위기였다. '여기가 그 유명한 동화에 나오는 도시인가?' 잠시 길을 잘못 든 것은 아닌지 의문이 들기도 했다.

온몸에 도시의 지도를 그려 넣고 하멜른 역을 지키는 거대한 쥐

그러나 바로 역 앞에서 지나가는 사람을 붙들고 구시가지가 어디에 있는지 물어보자 친절하게 안내해 주었다. 이들에게는 아주 익숙한 질문인 듯했다. 하멜른을 찾는 사람들은 누구든 '쥐 잡는 사나이(Ratenfänger von Hameln)'를 만나길 원한다는 것을 잘 알고 있기 때문인 것 같았다.

총총히 역사를 나와서 몇 걸음 옮기니, 기차를 타고 이 도시를 찾아온 사람들을 가장 먼저 맞이하는 이가 기다리고 있었다. 역 앞에 떡하니 버티고 서 있는 파란색 쥐다. 온몸엔 하멜른 지도를 그려 넣어, 이 도시가 분명 쥐 잡는 사나이의 고장이라는 것을 확인시켜 주고 있는 것 같았다.

약간은 촌스럽고 억지스러워 보이기까지 하는 동상을 뒤로하고 15분 정도 걸어가니 사나이가 골목골목 다니며 피리를 불며 아이들을 불러냈던 옛 시가지가 나타났다. 처음엔 동화 속의 피리 소리를 따라온 여행객들은 옛 시가지에 들어서는 순간 엉뚱한 곳으로 시선을 빼앗겨버릴 것 같았다. 한순간에 동화의 이야기들을 잊어버릴 정도로 아름다운 르네상스 건물들이 기품을 드러냈다.

1602~1603년에 지어진 라텐팽어하우스(Rattenfängerhaus, 쥐 잡는 사나이의 집)에는 〈하멜른의 피리 부는 사나이〉에 관한 역사적인 유래와 동화가 보관되어 있다. 시간이 맞지 않아 들어가 보지는 못했지만 아름다운 베저 르네상스 스타일의 건물 외형에 감탄을 연발했다. 1900년

북독일 건축양식 베저 르네상스의 정수를 보여 주는 하멜른 슈티프츠헤렌하우스의 석가래 조각

슈티프트스헤렌하우스

부터 라텐팽어하우스로 불리기 시작한 건물은 1917년부터 하멜른 시가 소유하고 있다고 한다. 라텐팽어하우스는 전쟁에도 상처 없이 살아남아 1898년에 찍은 사진과 비교해도 신기할 정도로 똑같은 모습이었다.

여기에 하멜른 시민들의 결혼식이나 커다란 축제가 주로 열렸던 1610~1617년 사이에 지어진 베저 르네상스 건축양식(독일 건축양식 중 하나)의 호흐차이트하우스(Hochzeithaus)도 인상적이었다. 하멜른 시내의 가장 중심에 위치하고 있는 이 건물은 지금도 계속해서 관공서 건물로 이용되고 있다. 호흐차이트하우스에서 조금만 걸어가면 1200년대의 고딕양식을 보여 주는 웅장한 마크트 교회(Marktkirche)도 나타난다. 제2차 세계대전으로 이미 소실되었으나 1957~1959년 사이에 1200년 전의 모습을 그대로 복원해 다시 건축했다.

가는 곳마다 역사적인 건물들을 쉽게 만날 수 있다는 것도 신기했지만 평범한 가정집에도 건축년도가 바깥에 표시되어 있어 누구나 건물의 역사를 알 수 있다는 것이 재미있었다.

한참을 걸어서 시내를 돌아다니다 보니 다리가 무거워져 발걸음이 더 이상 떨어질 것 같지 않았다. 잠시 쉬어 가려고 급하게 큰 길가의 오래되어 보이는 카페에 들어가 커피 한 잔과 케이크 한 조각을 주문했다. 진한 원두의 향이 코끝을 자극하며 부드럽게 목을 적시자 피로가 풀리면서 눈이 맑아졌다.

들어갈 때는 별생각 없었지만 실내를 둘러보니 탁자며 장식이며 무엇인지 모르겠지만 분위기가 특별해 보였다. 종업원에게 물어보니

500년 된 박물관 건물 아래층 카페라고 했다. 카페가 들어 있는 건물의 역사를 알고 나니 커피 맛이 갑자기 깊어지면서 들어오는 손님도 달라 보였다. 인간의 안목이란 이렇게나 간사하고 경박한 것인가 보다.

함부르크에서 만난 한국적인 독일인

엘베(Elbe) 강을 끼고 발달한 독일 최대의 항구도시이자 두 번째로 큰 자유한자 도시(Freie und Hansestadt) 함부르크(Hamburg). 9세기 카를 대제가 교통이 편리한 이 지역에 성을 쌓으면서 도시의 유래가 시작되었다.

매년 여름 3주에 걸쳐 개최되는 함부르크 여름 축제

함부르크의 분위기가 색다른 것은 독일에서 베를린(Berlin) 다음으로 큰 도시이며 교통의 요지라서가 아니다. 이 나라에서는 쉽게 접할 수 없는 비릿한 바다 냄새와 억센 뱃사람들의 기운이 곳곳에 감돌고 있는, 전혀 독일답지 않은 매력이 있는 도시이기 때문이다.

함부르크는 13세기 뤼베크(Lübeck)와 방위조약을 맺은 후 300년이 넘는 세월 동안 한자동맹에 속해 있는 상업 도시다. 상업에 종사하는 함부르크인은 17%, 독일에서 가장 많은 상업 인구가 거주하고 있는 곳이다. 그래서 그런지 사람들의 기질도 조용하고 차분한 여느 독일인들의 모습과는 달라 보인다. 특히 여름 축제가 한창인 7월의 함부르크 거리에서 만난 사람들은 누구보다 잘 웃고 목소리도 크고 활달했다.

함부르크에서는 매년 여름이면 3주 동안 자유롭게 춤추고 노래하고 연극하는 세계적으로 유명한 도시 축제가 개최된다. 이 도시의 심장을 관통하는 알스터 호수(Alstersee)는 축제의 메인 무대다.

호수를 따라 이어진 산책로에는 시도 때도 없이 달리는 사람들이 보인다. 아름다운 호수와 시원하게 열린 초원, 그 주변에 늘어선 호화로운 대저택들을 끼고 조깅을 하면 아무리 오래 뛰어도 지치지 않을 것 같다.

몇 해 전, 함부르크에 갔다가 지인들과 함께 한국 식당에서 저녁을 먹은 일이 있었다. 작은 도시 아헨에는 한국인이 운영하는 분식점 하나 없기 때문에 내 손으로 직접 해 먹지 않으면 좀처럼 제대로 된 음식을 맛볼 수 없다.

자장면과 짬뽕, 우리가 사는 곳에선 소리만 들어도 입에 군침이 도

함부르크의 중심을 장식하고 있는 알스터 호수 주변은 도시의 관광객이 가장 많이 모이는 곳이다

는 음식들이다. 그 감격의 맛을 즐기기 위해 찾은 한국 식당에서 한 무리의 독일인들을 만났다. 우리 일행이 막 식사를 주문하고 있는데 열 명 정도의 단체 손님이 우르르 식당 문을 열고 쏟아져 들어왔다.

처음 들어설 때부터 예사롭게 보이지 않던 그들은 전혀 독일인다운 데가 없었다. 식당에서 독일인다운 거? 고상한 척을 엄청 한다는 소리다. 조용하고 좀 수준 있다 싶은 레스토랑에서 소리 내서 깔깔거리다가는 주변의 따가운 눈총 속에 동물원 원숭이 취급당하기 십상이다. 가끔 기분 내서 좀 그럴듯한 레스토랑에서 외식 한 번 하려면 은근히 신경이 쓰일 정도다.

그런데 그날 식당에서 본 독일인들은 주변의 시선도 아랑곳하지 않고 자기들끼리 무엇이 그리 재미있는지 연신 '하하 호호 깔깔 껄껄' 웃음이 그치지 않았다.

지금까지 식사 시간에 그토록 시끄러운 독일인들은 처음 보았다. 음식도 불고기에 김치에 된장 쌈에 짬뽕까지 주문해서 '후루룩 쩝쩝' 어찌나 맛있게 먹던지 입이 딱 벌어졌다. 맛있게 먹는 건 좋은 데 옆에 앉아 조용히 식사하는 사람들을 무시하고 너무 떠든다는 생각에 기분이 약간 언짢아질 정도였다.

그 고상하던 식사 예절은 모두 어디로 간 것인지. 아이들이 떠드는 것조차 눈치를 보아야 했던 조용한 외식 분위기와 대조를 이루어 화들짝 놀랐다. 으레 독일 식당에서는 쩝쩝 소리 내며 먹는 것도 몰상식한 일이고, 포크와 나이프 소리를 조금이라도 크게 떨꺽대면 옆 사람이 기다렸다는 듯 힐끗거렸다. 요리를 접시에서 한입에 들어갈 만큼 잘라야지 입으로 잘라 먹는 것도 예의에 벗어난 일이고, 식탁 위로 팔을 올려서도 안 되고, 먹으면서 말해도 안 된다는 등 아이들에게는 그렇게 잔소리를 하더니만.

그런 사람들이 와자지껄 떠들면서 식사를 하고 있다니. 처음 보는 모습이라 놀랍기도 했지만 나도 이미 독일인이 되어 가는 것인지 매우 거슬렸다. 한쪽 구석에 노래방 시설이 갖추어져 있는 것으로 보아, 이들의 분위기상 식사를 마치면 바로 마이크를 잡을 태세라 난리 통을 빨리 벗어나기 위해 후다닥 식사를 끝냈다.

"저 사람들 잘 아세요?" 하도 특이해서 식당을 나오면서 주인아주머니에게 슬쩍 물어보았다. 저녁 시간에 회식하러 자주 오는 단골손님이라고 했다. 모 한국 기업 독일 지사에 근무하는 회사원들이라고. 헉! 그럼 한국인에게 배운 식사 예절? 내 어디서 많이 본 모습이라 했더니. 가만 생각해 보니 우리가 단체로 식사하는 모습과 아주 비슷했다. 게다가 퇴근 후 회식까지? 고개를 끄덕이다가 갑자기 터져 나오는 웃음을 참지 못해 그 자리에서 낄낄거렸다.

남편이 다니는 독일 회사에서 회식이란 크리스마스 즈음에 하는 연중행사다. 1년에 단 한 번뿐인 이 회식도 볼링장이나 레스토랑을 빌려 함께 저녁을 먹고 운동을 하거나 썰렁한 정담을 나누는 것이 고작이다. 직장 동료들과 자발적으로 퇴근 후 한잔하는 사람들을 쉽게 볼 수 없는 것이 이 나라 직장 문화다. 회사가 끝나면 대부분의 사람들은 총총히 가정으로 돌아간다. 직장 동료들과는 특별히 개인적인 친분이 없는 한 밖에서의 접촉이 거의 없다.

그런 이들이 한국 회사를 다니면서 우리네 회식 문화를 배운 것 같다. 분명 한국 상사에게 배웠을 것이다. 후루룩 쩝쩝 짬뽕 먹는 모습이며, 와자지껄 시끄럽게 떠들며 식사하는 예절까지. 역시 대단한 한국인이다. 남의 나라에 와서 그 나라 식생활에 적응하기는커녕, 느끼한 감자튀김에 소시지를 먹느니 아예 촌스러운 독일인을 한국 문화에 길들여버리자고 작정이라도 한 것인지, 식당에서 본 그들은 완전히 한국 사람이었다. 독일인은 언제나 답답하리만큼 느리고, 돌다리도 두드려 보고 건널 정도로 늘 의심이 많은 사람들이다. 그러나 한번 익숙해지기 시작하면 좀처럼 의심하지 않고 곁눈질도 않고 앞만 보고 가는 맹목적인 데가 있다.

조그만 구멍가게도 오래된 곳은 으레 30~40년 된 단골 고객들이 있다. 그 사람들을 믿고 장사하면 어떤 불경기도 버텨낼 수 있다고 한다. 이들은 한번 단골로 정하면 아무리 주변에 서비스 좋고 값싼 가게가 새롭게 생겨난다 해도 웬만해선 움직이지 않기 때문이다.

그러나 이와 같은 국민성은 처음 사업을 시작하는 사람들에게는 가장 큰 어려움 중의 하나이기도 하다. 일정한 고정 고객만 확보하면 저절로 굴러가는 것이 독일 장사지만 그 단골 잡기가 또 하늘의 별 따기라고 한다.

함부르크에서 작은 분식점을 운영하고 있는 가까운 한국 분의 이야기를 들으니 적어도 3년은 기다려야 한단다. 질 좋은 서비스와 가격 경쟁으로 앞서 가는 것이 보통의 상문화지만 처음 시작하는 사람들에게는 거기다 인내력까지 겸비해야 하는 것이 필수. 독일 음식 장사는 아무리 맛있게 해도 한 방에 터지는 경우가 쉽지 않다고 한다.

식성도 마찬가지다. 좀처럼 이국적인 음식에 호기심을 갖지 않던 사람이 한번 이거다 싶으면 죽자고 그것만 찾는다. 김치를 먹는 한국 부인과 살면서도 김치라면 코부터 막고 평생 입도 대지 않는 사람이 있는가 하면, 그 맛을 제대로 알기라도 하면 한국 사람보다 더 찾는 경우도 있다. 샐러드를 먹듯 그 짠 김치를 밥도 없이 한 접시 훌쩍 먹어 치우는 사람도 보았다.

노래방에서 본 독일인들도 그렇다. 어려서부터 남들 앞에서 노래하는 문화에 익숙지 않아 처음엔 쑥스러워 어쩔 줄 몰라 하던 사람들이 한번 그 매력에 빠지기 시작하면 마이크를 놓지 않는다.

그 때문에 가장 큰 피해를 입는 곳이 한국 음식점이라고 한다. 이곳 교포들이 운영하는 한국 식당 중에는 손님들이 식사를 하거나 술을 마실 때 노래방 시설을 서비스로 제공하는 곳이 더러 있다. 그런데 노래방에 맛이 든 독일 손님, 안주도 없이 맥주 한 잔 달랑 시켜 놓고 홀짝거리며 한나절을 놓고 간단다. 주인은 당연히 울상이다. 함부르크 한국 식당 아주머니는 '두 번 올까 무서운 사람이 바로 노래하러 오는 독일 손님'이라며 머리를 내저으며 웃었다.

자극적인 우리나라 문화가 전염성이 강한 것인지, 싱거운 독일인들이 짠맛을 그리워하는 것인지 여하튼 한국인들과 어울려 지내는 독일인들을 보면 독일보다는 한국 문화를 더 즐기는 것 같다.

도룸과 일탈 없는 독일인의 휴가

몇 해 전 여름휴가를 북해에서 보냈었다. 아헨에서 450여 km 북쪽에 위치한 도룸이라는 도시의 해안이다. 길을 나설 때는 심란하게도 비가 추적추적 내리더니 도착한 다음 날부터는 화창한 날씨의 연속이었다. 그러다가 돌아오는 길에 다시 비가 내려 주니, 이 어찌 축복받은 휴가라 하지 않을 수 있겠는가.

쿡스하펜(Cuxhaven)에 속한 도룸은 24.32km² 면적에 인구 3500명 정도가 살고 있는 작은 휴양도시다. 우리가 사는 노드라인베스트팔렌(Nordrhein-Westfalen) 주가 그해 여름 일찍 방학을 시작해서인지 시기적으로 조금 이른 감이 없지 않았다. 하지만 주변의 펜션들이 모두 예약이 끝난 것으로 보아 이미 본격적인 휴가철이 시작된 것 같았다.

사실 독일에 살면서도 독일 휴양지에서 제대로 휴가를 보내기는 그때가 처음이었다. 학생 때는 생각해 보지도 못했고, 남편이 직장 생활을 시작하면서 조금 여유가 생기니 꿈에 그리던 지중해 쪽으로 달려가고 싶어 독일은 뒤로 미루기만 했다.

도룸에 도착하고 가장 먼저 눈에 들어오는 모습은 스페인, 이탈리아 같은 지중해 나라들과는 다른 조용하고 깨끗하게 잘 정돈된 피서지였다. 길거리를 지나다니는 사람들 역시 들뜨지도, 흐트러지지도 않은 단정한 모습이 시내에서와 별반 달라 보이지 않았다. 휴가지에 도착하면 긴장부터 풀어지면서 시작되는 일탈이 그곳에서는 왠지 없을 것 같은 생각이 들기도 했다.

휴양지의 저녁 시간도 도시와 마찬가지로 조용하다

그 느낌은 정확히 맞았다. 도착 첫날, 피곤하기도 했지만 들뜬 마음에 함께 온 다른 가족과 밤을 새워 놀 계획을 세우고 있는데, 이웃집에서 벌써 신호가 왔다. 바람에 문이 몇 번 꽝 하고 소리를 내며 닫혔다 싶었는데, 문소리가 너무 크니 주의해 달라고 관리인에게 연락한 모양이다.

도착 첫날부터 약간 위축된 기분이었다. 그래도 시원한 해변을 여유 있게 돌면 기분이 전환되리라는 생각으로 밖에 나갔다. 저녁 8시쯤 되었을까? 해변은 이미 아이들이 모두 돌아간 학교 운동장처럼 텅 비어 있었다. 갈 곳을 잃은 바닷바람과 쿠터 항구의 빈 배들만이 우리를 반겨 주었다. 바로 비 온 뒤라 바다와 하늘이 만난 지평선에선 한 움큼 눈물이라도 우르르 떨어져 내릴 것 같은 저녁, 들뜬 기분은 모두 가라앉고, 실연당한 사람처럼 먼 바다만 바라보다 돌아왔다.

돌아오는 길은 9시가 넘어 어스름한 시간이었다. 이미 창문에 불빛이 새어 나오는 집은 몇 집 없었다. 휴가 와서도 잠자는 시간은 철저히 지키는 사람들, 휴양지의 밤거리도 도시와 마찬가지로 죽은 듯 고요했다. 갑자기 자정이 넘어서까지 밤 산책을 즐기곤 했던 불가리아에서의 여름휴가가 생각났다. 휴가는 그런 것 아닌가? 휴가지에서의 들뜬 마음은 첫날부터 차분하게 가라앉았다.

다음 날은 햇볕이 쨍하게 살아났다. 당연히 수영 먼저 해야지. 700m 정도 떨어진 우리 펜션에서 바다까지는 꽤 걸어야 했다. 수영복에 타월에 아이들 장난감에 한 봇짐 짊어지고 슬리퍼를 끌고 집을 나섰다. 신나게 걷다 보니 웬걸, 아이고 쑥스러워라. 슬리퍼를 끌고 가는 사람은 우리밖에 없었다. 모두들 평소처럼 운동화나 구두를 신고 해변으로 향했다. 가서 보니 가방 안에 해변에서 갈아 신을 슬리퍼를 따로 챙겨 온 것이다. 아이들이 물놀이는 원 없이 했지만 두 번째 날도 그리 유쾌한 하루는 아니었다.

해변에서야 당연히 신났지만 집에서는 이웃 눈치 보느라 밤늦게까지 큰 소리로 웃으면서 놀아 보지도 못했다. 저녁 7시 정도만 되면 길거리에는 이미 인적이 별로 없어 산책을 나가도 쓸쓸하고, 저녁 먹고 조용히 TV나 보다가 자면서 휴가는 끝이 났다.

독일인이 여행을 많이 간다고는 하지만, 지구촌을 누비며 화려한 여행을 꿈꾸는 사람들이 아니란 것은 함께 지내보면 금방 알 수 있다.

이른 휴가와 흐린 날씨 때문인지 텅 빈 도룸 해변

외국으로 나가는 것도 젊은 사람들 이야기지, 나이가 어느 정도 들면 대부분 국내 여행을 즐겨 한다.

그것도 이곳저곳 돌아다니며 구경하는 것이 아니라 조용한 바이에른(Bayern)의 숲 속이나 북해 인근의 익숙한 곳, 해마다 같은 장소로 움직인다. 외국이라고 해봤자 독일 문화와 별반 다를 바 없는 네덜란드의 바닷가나 스위스, 오스트리아 정도가 고작이다. 그 가장 큰 이유는 의식주를 포기할 수 없어서인 것 같다.

외국 여행에서 가장 곤욕을 치르는 것이 이들의 보수적인 입맛이다. 약간만 이국적인 향료가 첨가되어도 맛있게 먹는 사람들 앞에서 거침없이 헛구역질을 해 대는 사람들. 독일 음식을 이 세상에서 가장 맛있고 건강에 안 좋다고 생각하는 나 같은 사람은 그런 모습에 헛웃음이 나온다. 그래도 이들은 최고라고 생각하니 습관이란 정말 무서운 것 같다.

겉으로 보이는 독일 문화는 모든 사람에게 열려 있는 것처럼 보인다. 하지만 독일인이 아니고는 향유할 수 없는 것들이 대부분이어서 함께 어울리기에는 힘들다. 휴양지에서조차 일찍 자고 일찍 일어나는 사람들. 이곳에서도 감정을 열 필요를 느끼지 않는 사람들. 하지만 그것은 단지 내 시각으로 본 독일인의 답답함일지도 모른다. 이들에게는 너무도 익숙한 생활의 한 부분일 것이다.

휴가란 조용히 쉬면서 삶의 여유를 향유하는 시간이지, 들떠서 우왕좌왕 먹고 마시는 놀이 문화가 아닌 것이다. 그래도 40년 넘게 그렇게 살아온 나는 피서지에서만이라도 마음을 열고 밤을 새우며 즐기고 싶어진다. 그래야 제대로 논 것도 같고. 이 적막함 속에 나의 노후가 내던져질지도 모른다고 생각하니 소름이 오싹 돋는다. 군중 속의 고독은 누구나 느끼는 쓸쓸함이지만 이 나라에 살다 보면 확실히 알게 된다.

돌아오는 길에 함부르크에 들러 하룻밤 머물렀다. 오래된 도반을 만나 한잔하며 밤새도록 회포를 풀었다. '하하 호호, 왁자지껄' 바로 이거다. 이게 바로 그 한국식 휴가다. 함부르크에서의 이틀은 너무 짧아 아쉬웠다.

화약 연기 속에서 맞는 새해

외국인인 내 눈에 비친 변화에 더디고 답답한 독일인의 모습은 휴가지에서만 볼 수 있는 그림이 아니다.

독일에는 크고 작은 축제와 연중행사 들이 많다. 그런데 그 모든 행사나 축제 들의 진행이나 이벤트는 몇 년만 이 나라에 살면 실에 꿴 듯 훤히 알 수 있다. 즐기는 방식이나 주최 측의 개최 요령이 큰 변화 없이 그대로이기 때문이다.

한 해의 마지막 날인 12월 31일 자정이 되면 독일은 한 치 앞도 볼 수 없을 정도의 화약 연기에 휩싸인다. 자정부터 30분 동안은 도시가 붕붕 날아다니는 것 같다. 전쟁을 방불케 하는 폭발음에 온 나라가 쩌렁쩌렁 울리지만 하늘엔 아름다운 불꽃이 장관을 이루기도 한다.

매년 1월 1일 0시를 기해 전 독일인은 불꽃놀이를 시작한다. 삼삼오오 짝을 지어 집 앞에서 간단히 의식을 치르듯 해치우는 사람들도 있고, 대규모 광장에 모여 한바탕 잔치를 벌이기도 한다. 연말이면 각 슈퍼마켓과 대형 상가 들은 폭죽 판매 경쟁으로 이미 달아오르기 시작한다. 상가마다 산더미처럼 쌓인 폭죽들이 모두 같은 시간에 터지니 순간적으로 도시는 격전지가 되는 것이다

한 해 동안 쌓였던 감정의 찌꺼기와 응어리 들을 태워버리고 새로운 해를 맞이하려는 사람들의 염원이 불꽃이 되어 밤하늘을 화려하게 장식하는 순간이다. 그 불꽃놀이가 끝날 즈음에는 여기저기에서 일어난 각종 폭발 사고 때문에 앰뷸런스 소리가 그치지 않는다. "독일의

새해는 앰뷸런스 소리와 함께 시작된다." 정초만 되면 방송이나 신문에서나, 주변 사람들에게 흔히 듣는 말이다.

연말만 되면 지금도 나는 12년 전의 일을 기억하며 웃곤 한다. 우리 가족이 아헨에 이사 온 지 얼마 되지 않았을 때 일이다. 새로운 도시에서 처음 맞이하는 연말이어서 약간 들뜬 마음으로 독일인들과 함께 불꽃 잔치를 하고 싶었다. 자정 무렵 우리 가족은 폭죽이 든 배낭을 메고 집을 나섰다.

어떤 동네나 사람들이 함께 모여 불꽃놀이를 한다는 것 정도는 알고 있었기에 사람들이 모여 있는 곳을 찾아다녔다. 그런데 그 동네를 몇 바퀴나 돌았지만 어디를 가나 길거리는 텅 비어 있었고 끝내 아무도 만나지 못했다. '이 동네는 축제를 안 하나? 차를 타고 시내로 나가야 하나?' 별의별 생각을 다 하며 거의 포기 상태로 집으로 돌아오고 있었다.

그런데 반갑게도 돌아오는 길에 뜻밖에 폭죽이 든 배낭을 멘 사람들을 하나둘 만나기 시작했다. 그들은 어이없게도 삼삼오오 짝을 지어 우리 집 가까이로 모여들었다. 생각해 보니 우리 집은 그 동네에서 가장 높은 언덕에 있었다. 또 집 앞에 들판이 펼쳐져 있어 불꽃놀이를 하기에는 안성맞춤이었다. 그래도 그렇지, 어쩌면 이리도 정확하단 말인가. 방금 전까지만 해도 개미 새끼 한 마리도 보이지 않던 집 앞 골목이 금방 사람들로 북적거리기 시작했다. 정확히 12시 10분 전이었다.

순식간에 모여든 사람들이 여기저기서 분주하게 발사 준비를 하더니, 정확히 12시를 알리는 종이 울리자 폭죽 세례가 시작되었고, 고함

소리와 함께 옆 사람과 포옹하고 입 맞추며 새해 인사를 나누고, 샴페인으로 건배를 하며 신년을 맞은 기쁨을 나누었다.

그리고는 12시 20분경이 되자 하나둘 돌아가기 시작하더니 정확히 12시 30분에는 다시 골목에 적막이 흘렀다. TV에서 본 왁자지껄한 모습과는 전혀 다른 느낌이었다. 우리 집 앞에는 다음 해에도 그다음 해에도 약속이라도 한 것처럼 정확한 시간에 거의 비슷한 사람들이 거의 비슷한 양의 폭죽을 가져와서는 정해진 시간 동안 놀고 갔다.

사회가 조용하고 안정되어 있다는 것은 우리 삶에도 여유를 가져온다. 그러나 지나친 안정 탓인지, 이들의 축제나 행사 들을 보면 지루하다고 느낄 때가 많다. 1년에 몇 번 있는 축제도, 같은 시간에 거의 비슷한 프로그램으로 항상 비슷한 사람들이 참여한다.

같은 동네에 사는 한 올해 본 사람들은 내년 축제에서 혹은 내후년에도 똑같은 모습으로 또 볼 수 있다. 이 사람들은 그래도 무엇이 그리 재미있는지, 한 번도 거르지 않고 참여하고 자기 방식대로 즐긴다. 나름대로는 만족하게 놀고 있는 독일인들의 모습이 지루하게 느껴질 때마다 나는 역시 변화무쌍한 한국 사회에 어울리는 사람이라는 생각이 들곤 한다.

44명의 노벨상 수상자를 배출한 괴팅겐

이 세상에서 키스를 가장 많이 했다는 소녀는 괴팅겐의 구시청사

괴팅겐 구시청사 앞, 세상에서 키스를 가장 많이 한 소녀 겐제리젤

건물 앞 광장에서 거위를 지키며 서 있었다. 이 도시에서 대학을 다닌 사람들, 박사 학위를 받은 석학들은 모두 이 소녀와 키스의 추억을 간직하고 있을지도 모른다.

그림 형제의 동화 속 주인공 겐제리젤(Gaenseliesel)은 괴팅겐에서는 세상에서 키스를 가장 많이 한 소녀로 유명하다. 동상으로 서 있는 이 동화 속 주인공에게 100년이란 세월 동안 수많은 사람들이 키스 세례를 퍼부었기 때문이다. 소녀에 대한 청년들의 구애는 1901년 겐제리젤 분수가 만들어지고 소녀의 동상이 세워지면서 시작되었다. 한때 엄격하고 보수적인 괴팅겐의 시의원들은 젊은이들의 이러한 장난스러운 행위를 풍기 문란으로 몰아 키스 금지법을 선포하기도 했다.

그때 만들어진 키스 금지법은 오늘날까지 유효하지만 사람들은 아랑곳하지 않고 소녀에 대한 키스를 멈추지 않았다. 특히 학기 말 축제나 박사 학위 수여식 때면 키스와 함께 겐제리젤에게 꽃다발을 선사하는 의식이 도시의 전통이다.

라이네(Leine) 강을 끼고 발달한 이 도시는 두 차례의 세계대전을 거치면서도 크게 폭격을 당하지 않아 14세기에 세워진 시청사나 일반 주택들이 원형 그대로 남아 있었다. 괴팅겐은 도시 전체가 대학 문화로 가득하다. 대학의 학사 일정에 따라 도시의 분위기가 순식간에 바뀌어 버릴 정도로 과거부터 현재까지 젊은 피가 흐르고 또 끊임없이 공급되는 곳이다. 도시의 역사가 대학과 함께 흘러왔다는 것을 증명이라도 하듯 시내 곳곳엔 유명한 학자들이 머물던 집들이 여전히 문패를 내걸고 남아 있었다.

550년 전에 지어진 괴팅겐에서 가장 오래된 건물 융커른쉔켈. 벽과 기둥에 구약성서의 인물들을 새겨 넣은 장식으로 유명하다

지금도 그 건물들에는 괴팅겐 대학생들의 꿈이 자라고 있다. 대학도시란 명성에 걸맞게 괴팅겐이 배출한 독일의 석학은 이 도시의 자랑이다. 「로렐라이」의 작가 하인리히 하이네, 근대 수학을 완성한 칼 프리드리히 가우스, 양자역학을 만들어낸 물리학자 막스 보른, 이밖에도 물리학자 게오르크 크리스토프 리히텐베르크, 전기학으로 유명한 빌헬름 베버, 철의 재상 오토 폰 비스마르크, 비교언어학의 창시자인 야콥 그림과 빌헬름 그림 형제.

괴팅겐 대학은 아돌프 부테난트(Adolf Butenandt, 1939)를 비롯해서 오토 슈테른(Otto Stern, 1943), 오토 한(Otto Hahn, 1944), 볼프강 파울리(Wolfgang Pauli, 1945), 게하르트 헤어츠베르크(Gerhard Herzberg, 1971), 에어빈 네어(Erwin Neher, 1991), 베어트 자크만(Bert Sakmann, 1991), 헤어베어트 크뢰머(Herbert Kroemer, 2000) 등 1939년부터 2000년까지 무려 44명의 노벨상 수상자를 배출한 대학이다. 한 도시의 같은 대학에서 44명의 노벨상 수상자가 탄생했다는 사실이 놀랍다.

세계적인 석학을 탄생시킨 대학답게 대학 도서관도 530만 권의 장서를 보유하고 있는 대형 도서관으로 명성이 높다. 하이네에 의해 건립되고 그가 관장으로 있던 이 괴팅겐 대학 도서관은 세계 대학 도서관들의 모델이 되기도 했다.

괴팅겐 7교수 사건은 역사적으로 유명한 사건이다. 1837년, 왕위에 오른 에른스트 아우구스트가 자유주의 헌법을 폐지하자 당시 괴팅겐 대학 7인의 교수들은 자유를 억압하려는 왕의 독주에 저항했다. 그들은 결국 왕에 의해 교수직을 박탈당하고 파면되었고 그 후 대학의 명성은 이전에 비해 약해졌다고 한다.

이 사건은 괴팅겐을 넘어 독일 전역의 많은 사람들에게 알려졌고 오늘날까지 7교수 사건으로 널리 회자되고 있다. 빌헬름 에드워드 알브레히트(Wilhelm Eduard Albrecht), 프리드리히 크리스토프 달만(Friedrich Christoph Dahlmann), 하인리히 게오르크 아우구스트 에발트(Heinrich Georg August Ewald), 게오르크 고트프리트 게르피누스(Georg Gottfried Gervinus), 빌헬름 베버, 그리고 야콥과 빌헬름 그림 형제가 그들이다.

브레멘 음악대의 합창

"옛날 아주 오랜 옛날, 늙은 당나귀가 살았습니다. 당나귀는 평생을 주인을 위해 일했지만 주인은 그가 늙고 힘이 없어지자 시장에 내다 팔려고 했습니다. 이를 알아챈 당나귀는 유랑 악단이 되기로 결심하고 브레멘으로 떠납니다. 가는 길에 같은 처지에 있는 늙은 고양이와 닭과 개를 만납니다. 그들은 함께 유랑 악단을 만들기로 하고 열심히 연습을 하며 길을 가다가 거처할 수 있는 집을 발견합니다. 그러나 집에는 도둑이 살고 있었습니다. 그들은 도둑을 쫓아내기 위해 아이디어를 짜냅니다. 당나귀 위에 개, 개 위에 고양이, 그 위에 닭이 순서대로 올라서서 목청껏 합창을 했습니다. 도둑들은 처음 듣는 이상한 소리에 놀라 달아났고 브레멘 음악대는 보금자리를 얻게 되었습니다."

인생에 어떤 어려움이 찾아와도 인내하고 노력하면 마침내 극복할 수 있고 뜻을 이룰 수 있다는 교훈을 담고 있는 그림 형제의 동화 〈브레멘 음악대(Die Bremer Stadtmusikanten)〉다. 당나귀와 개와 고양이와 닭의 합창 소리가 울려 퍼지며 생동감을 주는 도시. 브레멘을 떠올리면 언제나 활기차고 술렁거릴 것 같았다. 역시 그 예상은 빗나가지 않았다.

브레멘에 가면 가장 먼저 보고 싶었던 조형물은 시청의 서쪽 벽 앞을 무대로 한 브레머뮤직칸텐의 합창이었다. 그림 형제의 동화 브레멘 음악대의 하이라이트, 당나귀 위에 개가, 개 위에 고양이가, 고양이 위에 닭이 올라가 목청껏 합창하는 동화 속 장면이 선명하게 묘사되어 있는 이 조형물은 1953년 게하르트 마르크스(Gerhard Marcks)의 작품이다.

하나우에서 동화의 거리를 따라 북으로 올라온 여행객에게는 마지막 종착지가 브레멘이다. 긴 여행의 피로를 풀어 주기라도 하듯 브레멘 음악대는 푸른 하늘을 향해 힘차게 목소리를 뿜어내는 듯했다. 브레머 뮤직칸텐이 이 도시에 세워진 역사는 그리 오래되지 않았지만 동화의 거리가 관광지로 부상하면서 자동적으로 브레멘의 상징이 되었다.

도시의 중앙인 마크트 광장에 들어서자 베저 르네상스와 네오 르네상스 건축양식으로 지어진 요란한 건물들이 정신을 차릴 수 없을

브레멘 시청 옆에 위치한 그림 형제 동화 〈브레멘 음악대〉를 상징하는 조형물

상권과 상업의 자유를 보장하기 위해 지어진 조각상 브레머 로란트는 독일에서 가장 큰 독립 조각상이다. 오른쪽에 보이는 브레멘 시청은 아름다운 베저 르네상스 건축양식으로, 유네스코 세계문화유산으로 지정되었다

정도로 사방에 파노라마처럼 펼쳐져 있다. 그림처럼 시청이 서 있고, 도시를 지켜 주는 교회가 보이고, 기업인과 상인 들이 들락거리는 한델스카머 슈팅(Handelskammer Schueting)의 금빛 장식이 한낮의 태양 아래 눈부시게 반짝거리고 있었다.

화려한 도심의 풍취가 사방에서 유혹해 오는 것 같아 어디로 첫 발걸음을 돌려야 할지 잠시 서성였다. 브레멘을 찾았던 때는 몇 해 전 겨울이었다. 브레머 항구로부터 불어오는 북해의 바람이 실제 기온보다 체감온도를 떨어뜨려 추운 도시였지만 추위를 느낄 수 없을 정도의 역동적인 분위기에 압도당하는 것 같았다.

브레멘은 유럽의 중요 11개 도시 중의 하나이면서 독일에서 열 번째, 북서독일에서는 두 번째로 큰 연방 자치주로 베저 강 중류가 하류로 옮겨 가는 지점에 자리 잡고 있다.

마크트 광장을 중심으로 시청 건너편에 현재는 브레멘 한델스카머(상공회의소)가 들어 있는 과거 길드의 거점인 슈팅 건물이 있다. 시청과 슈팅 사이에 우뚝 선 브레머 로란트(Bremer Roland), 1404년 세워져 현재도 브레머뮤직칸텐과 함께 도시를 상징하는 조각상이다. 총 10.21m 높이의 독일에서 가장 큰 독립 조각상인 로란트는 상권과 상업의 자유를 보장한다는 카이저의 메시지가 담겨 있다.

비록 제2차 세계대전 당시 폭격으로 파괴되어 그 원형 조각이 박물관에 보관되어 있기는 하지만 전쟁 후 복원되어 여전히 브레멘 상인들의 권리를 지켜 주는 수호신 역할을 하고 있다. 로란트와 함께 조화를 이루고 서 있는 브레멘 시청은 유네스코 세계문화유산으로 지정될 정도로 아름다운 건물이다.

광장의 서쪽은 18~19세기에 지어진 네 채의 건물이 도열해 있고 동쪽엔 한쪽 벽면이 온통 유리창으로 연결된 브레멘 시민의 집이 보인다. 약간은 생경한 느낌이 들 정도로 현대적인 건물은 뭔가 전체적인 주변 분위기와는 어울리지 않아 보였다.

슈팅을 끼고 나 있는 좁은 골목길을 들어서면 1922~1931년 사이에 생겨난 크고 작은 예술품 상가들이 줄지어 있는 뵈트허슈트라세(Boettcherstrasse). 이 길을 따라가면 베저 강가의 성 마르틴 교회(Martinskirche)에 닿을 수 있다.

뵈트허슈트라세의 예술품 상가들을 기웃거리다가 슈팅거란 맥주집을 발견했다. 양조장을 겸한 이 집에서 직접 빚은 구수한 흑맥주 맛은 슈퍼에서 산 맥주와는 비교할 수 없을 정도로 특별했다. 시간만 허락했다면 취하도록 실컷 마시고 싶었지만 대낮인 데다 약속 시간에 쫓기다 보니 아쉽게도 입만 적시고 돌아서야 했다.

비어 가는 교회를 실내 암벽으로 개조

지금까지 유럽의 역사는 기독교와 맥을 같이했다고 해도 과언이 아니다. 독일에서 화려하게 꽃피우던 중세의 기독교 문화는 오늘날까지도 첨탑에 걸려 있는 십자가에 남아 그 시대의 영화를 무언으로 증언하고 있다. 뾰족한 아치가 하늘을 찌를 듯 솟아 있는 대규모 고딕

딘켈스빌의 성 게오르크 교회, 1944년부터 1944년 사이에 지어진 후기 고딕 양식

양식의 교회들은 중세 독일인들의 종교적 염원과 함께 그 시대 생활과 문화의 중심이었다.

그러나 그 기독교는 지금 쇠락의 길을 걷고 있고 독일도 그중 한 국가다. 내가 살고 있는 아헨과 그 위성도시만 하더라도 매년 8000명에서 1만 명씩의 기독교 신자가 줄어들고 있다. 인구 57만의 지역구가 이 정도니 얼마나 빠른 속도로 감소하고 있는지 전체 독일의 분위기를 추측해 볼 수 있다.

독일인들은 교회에 십일조를 내는 것이 아니라 자신이 믿는 종교재단에 종교세를 낸다. 신자가 줄어들면서 당연히 종교세도 점점 감소해서 갈수록 교회의 위기감은 팽배해지고 살아남기 위한 다양한 자구책을 마련하고 있다. 아헨도 앞으로 3분의 1의 교회와 부속 건물을 매각 처분할 계획을 세우고 있다.

아헨 교구는 900개의 교회와 450개의 사택, 사무실 등 3000여 개의 교회와 부속 건물들을 소유하고 있다. 이 많은 건물들의 연간 유지비만 하더라도 1800만 유로가 필요하다. 그러나 교구는 1000만 유로밖에 조달할 수 없는 실정이다.

그 때문에 현재 사용이 중지된 사택 등 부속 건물을 매각 처분하거나 교회의 본 건물을 용도 변경해서 수익 사업으로 활성화할 계획을 활발하게 논의하고 있다. 독일에서 가까운 네덜란드 마스트리트(Maastricht)에서는 교회를 호화 호텔로 용도 변경해서 성공한 예도 있다. 또 도서관으로 변모해서 빈 교회에 다시 시민들의 발길이 이어지고 있기도 하다. 아헨도 이렇게 이웃 도시나 국가 들의 성공한 개·보수 작업을 모델로 다양한 방안을 모색한다.

그중에서도 중요한 사업의 하나는 아헨 인근 도시인 뮌셴글라드바흐에서 성공한 실내 암벽등반 시설로 바꾼 개조 공사 계획이다. 교회를 암벽등반 연습장으로 만든다니, 좀 황당한 발상이지만 지붕이 높게 설계된 유럽의 교회는 실내 암벽등반 시설로 바꾸기에 아주 좋은 조건을 갖추고 있기 때문이라고 한다.

이에 대해 한 독일 언론사 기자는 "신성한 암벽등반"이라며 "이제 하늘에 기도만 하는 것이 아니라 하늘을 향해 기어 올라가야 한다"고 희화화하는 글을 쓰기도 했다. 독일에서는 지난 2008년 최초로 겔젠킬헨이란 도시의 립프라우엔 교회가 암벽등반 연습 공간으로 문을 열어 성공적으로 운영하고 있다. 이후 몇몇 교회들이 립프라우엔 교회를 모델로 실내 암벽등반 시설로 변경했고, 현재도 많은 교회가 공사 중이거나 계획을 세우고 있다.

말 그대로 "신성한 등반"이다. 미래의 교회는 하나님에게 기도하러 가는 곳이 아니라, 하늘에 기어 올라가기 위한 장소가 되는 것은 아닌지.

박람회의 도시 하노버

하노버(Hannover)는 박람회를 관람하기 위해 찾았던 도시였다. 아헨에서 하노버까지는 400km 정도지만 박람회장 입구까지 기차가 연결되기 때문에 하루 정도 다녀오기 위해서는 기차가 가장 좋다. 독일 대

시계탑이 있는 하노버 거리

부분의 박람회장은 관람객의 편의를 위해 기차로 닿을 수 있는 거리에 있어 교통이 편리한 편이다. 독일인에게 메세(Messe)라 불리는 박람회란 놀이 공간의 개념도 있다. 아무리 전문 분야를 위한 메세라도 그 분야에 관련된 사람들만 찾아가지는 않는다. 열심히 각 도시의 박람회만 찾아다니는 사람들도 있다고 한다. 고상하면서도 비싼 취미를 가진 사람들이다. 내가 가고자 했던 박람회는 교육박람회였다. 이것저것 자료도 많을 테고 가지고 와야 할 기념품도 적지 않을 것 같아 생각 끝에 기차는 포기하고 차를 가져갔다.

하노버는 산업박람회를 통해 독일 경제 부흥의 중추를 담당하던 도시이기도 했다. 제2차 세계대전 후, 1947년 영국과 미국 기업인들이 공동으로 투자하여 박람회주식회사를 만들었고, 그 후 세계에서 관람객이 가장 많이 찾는 박람회를 개최하는 도시가 되면서 독일 수출 증대를 위해 큰 몫을 담당했다.

지난 2000년, 엑스포가 열렸던 하노버 박람회장은 세계에서 가장 넓고 현대적인 시설을 갖추고 있는 곳으로도 유명하다. 따분한 교육 박람회라서 한산하리라고 생각했는데 관람객이 구름처럼 몰려들어 놀라웠다.

내가 둘러본 박람회는 유럽 교육의 동향이란 슬로건을 내건 '2012 하노버 교육박람회(didacta 2012)'였다. 독일 기업과 교육기관이 참가해서 혁신적인 교육 콘셉트와 새로운 교재들을 소개했다. 독일 교육에 관심이 많은 내게는 이 나라 교육의 트렌드를 상세히 볼 수 있는 소중한 기회였다.

박람회 관람객들이 가장 크게 관심을 보였던 분야는 이러닝(e-Learning)이다. 특히 전자 칠판에 많은 사람들이 관심을 보였고 이 분야에 특히 많은 기업이 참가했다. 기존에 교과서를 출판하고 있는 28개 출판사는 다양한 디지털 교과서를 선보이기도 했다. 그러나 상업성을 배제하고 순수하게 교육과 관련된 기관이나 단체는 생각했던 것보다 적어 아쉬웠다. 좀 더 신선한 프로그램을 많이 보고 싶었지만 판매에 열을 올리는 기업들의 상술에 가려지는 느낌이었다.

이틀에 걸쳐 박람회를 둘러보고 하노버 도심을 향했다. 메세장은 시외곽에 있기 때문에 도심까지는 상당히 거리가 있는 편이었다. 하노버 역에 차를 세워 두고 시내로 향하는 도중 빽빽하게 자전거가 세워져 있는 흥미로운 주차장 건물을 보았다.

　평지로 이어진 독일 북부 지역 사람들은 중남부보다 자전거를 많이 탄다. 하노버도 그런 도시들 중 하나여서인지 역 바로 옆에 자전거 주차장이 있었다. 한 달에 7유로만 내면 전세라도 낸 듯 마음대로 사용할 수 있다.

　먼 거리로 통학이나 통근을 하는 사람들은 역까지 자전거를 타고 와서 주차장에 세워 두고 기차로 갈아타고, 돌아오면 다시 자전거를 꺼내 타고 집으로 향한다. 이처럼 하노버 시민들에게 자전거는 없어서는 안 될 중요한 교통수단이다. 또한 하노버에서 함부르크, 오스나브뤼크(Osnabrück), 뷔메까지 편리한 자전거 길이 놓여 있어 주말이면 자전거를 타고 멀리 여행을 떠나는 사람들이 많다.

　역에서 시내로 향하는 길에 하노버에서 추방당한 6800명의 유대인을 위로하기 위해 세워진 추모비를 만날 수 있다. 하노버에서 유대인의 역사는 13세기부터 시작되어 현재까지 6200여 명이 살고 있다.

　나치의 박해가 극에 달하던 제2차 세계대전 당시 수많은 유대인이 핍박받고 하노버에서 추방당했다. 그 하나하나의 이름을 돌에 새겨 넣어 영원히 기억하기 위한 추모비다. 사각의 거대한 돌무덤 같기도 하고 천국과 지옥으로 통하는 문 같기도 한 조형물이 오페라하우스를 바라보고 있다.

　문화적 사치를 향유하는 귀족들을 비웃기라도 하듯, '너희와 우리가 다른 것이 무엇이냐?'고 항변이라도 하듯, 돌무덤에 누운 이들의 아우성이 나그네의 발목을 잡아끌었다. 한 많은 영혼들의 강한 에너

전쟁 때 천장은 무너지고 벽만 남은 에기디엔 교회

지가 전해져 오는 것 같아 쉽게 발걸음이 떨어지지 않았다.

독일 도시에서 유대인의 억울한 원혼이 깃든 곳이면 으레 이런 추모 조형물을 볼 수 있다. 이런 작품 앞에 서면 나도 모르게 생각은 유대인과 독일이 아닌 일본과 한국으로 달려간다. '과연 일본이란 나라에는 일제강점기 때 박해받은 한국인을 위해 몇 개의 추모비가 세워져 있을까?'

추모비 바로 옆에 웅장한 기품을 자랑하는 건물이 오페라하우스다. 게오르크 프리드리히 라베스(Georg Friedrich Laves)가 1852년에 지었다는 하노버 오페라하우스는 왕에게 궁 안에서보다 더 넓고 화려한 무대를 보여 주기 위해 세웠다.

오페라하우스 출입문이 길 쪽으로 튀어나오게 설계되어 있는 것은 귀족들이 마차를 타고 내릴 때 비가 와도 비를 맞지 않고 공연장 안으로 들어갈 수 있도록 하기 위해서였다고 한다. 1943년 전쟁으로 많은 부분이 훼손되었으나 후에 원형 그대로 복원한 이 오페라하우스는 모차르트의 〈피가로의 결혼〉이 초연된 곳으로도 유명하다.

영국의 코번트리(Coventry) 대성당 외형과 닮은 에기디엔 교회(Aegidienkirche)는 하노버에서 가장 인상적인 건축물이었다. 제2차 세계대전 말 파괴되어 교회 벽과 십자가, 그리고 종 몇 개만 보존되어 있다. 전쟁이 끝나고 수많은 교회와 시청 들이 새롭게 지어지고 혹은 옛 모습 그대로 복원될 때, 이 교회는 오늘날까지 무너진 그대로의 모습으로 전쟁의 참화를 증언해 왔다.

포탄을 피해 간 흔적이 선연한 사방의 벽들이 내려앉은 천장 대신 하늘을 이고 있다. 지붕이 없다고 신이 없는 것은 아니다. 또렷하고 거대한 십자가가 여전히 단상을 지키고 있어 무너진 교회에서도 복음 소리는 메아리치고 있었다. 그 꽉 차고도 빈 공간에 서면 하늘이 머리 위에 있고, 시원한 바람이 상념을 모두 가져가버린 듯 기분이 좋아진다.

빌헬름 2세 때인 1913년, 12년의 긴 공사 기간 끝에 문을 연 하노버 신시청사는 10ha에 달하는 남하노버 마쉬 공원(Maschpark) 안에 그림같이 서 있다. 건축가 헤르만 에거트(Hermann Eggert)의 작품인 신청사에는 높이 100m에 달하는 돔까지 올라가는 100년 된 엘리베이터가 있다. 유럽에서 유일한 이 쿠펠엘리베이터(Kupelaufzug)는 17도 경사를 이루며 돔의 정상까지 올라간다.

하노버가 시작되는 도시의 중심에 들어서면 붉은 벽돌로 지은 옛 시청 건물이 단번에 시선을 잡아끈다. 주변을 둘러볼 여유를 주지 않을 만큼 화려한 모습을 보면 후기 고딕 양식 건물임에도 르네상스의 느낌이 더 강하게 풍겨 온다.

구시청은 1410년에 지어져 여러 번의 증개축을 거쳐 오늘의 형태로 완성되었다. 두 차례의 세계대전을 거치며 부분적으로 파손되었으나 1953년에 수리되어 현재는 시청이 아닌 레스토랑이나 관광 상품 가게가 들어서 있다. 청사는 한때 철거 위기에 처했지만 건물을 보호하기 위해 조직된 시민단체의 노력으로 원형 그대로 남아 오늘날까지 도시의 심장을 지키고 있다. 그 화려한 시청에 한참 동안 눈길을 빼앗기고 돌아서다가 건너편 마크트 교회 옆에 버려진 듯 서 있는 초라한 책장을 발견했다. 헌 가구를 버리는 날인 뮐탁(Mülltag)에나 볼 수 있는

포탄을 피해 간 흔적이 선연한 사방의 벽들이 내려앉은 천장 대신 하늘을 이고 있는 에기디엔 교회

허름한 책장이었다.

'누가 시내 한가운데 가구를 내다 버린 거지?' 버린 것이라고 하기에는 주변이 정돈되어 있는 느낌이 들어 다가가 들여다보니 책이 꽂혀 있었다. '누가 이런 곳에 책장을?'이란 궁금증이 들자마자 옆에 붙여 놓은 아래와 같은 안내서가 눈에 띄었다.

시민들의 책장

우리는 이 책장과 함께 오래도록 즐거웠습니다.
책장을 이용하는 데는 몇 가지 규칙이 있습니다.
당신은 이 책장을 언제나 이용할 수 있습니다.
당신은 이 책장에서 책 한 권을 고를 수 있습니다.
당신은 마음에 드는 책을 빌릴 수도 있고 반납할 수도 있습니다.
만약 빌린 책이 마음에 들면 반납하지 않아도 됩니다.
대신 다른 책을 가져다 놓으세요.
책이 마음에 들어 오랫동안 소유하고 싶으면 가져도 됩니다.
그런데 만약 책이 정말 좋다고 생각하면 다른 사람도 읽어야겠지요.
당신의 집에 책이 아주 많아서 가져다 놓고 싶다면,
책장 안에 꽂을 수 있을 만큼만 가져오세요.
책이 훼손되었거나 책장이 고장 나는 등 문제가 있다면
이 번호(16841054)로 문의하세요.
"즐거움을 주는 책! 책은 친구!"

안내서를 읽어 내려가는 동안 말로는 표현할 수 없는 훈훈한 감동이 전해져 왔다. 믿음, 인간을 믿는다는 것은 얼마나 아름다운 일인가. 그 믿음이라는 거름을 먹고 8년이란 시간 동안 이 책장은 비워지지 않은 채 교회 옆 광장에 서서 사람들을 기다리고 있었던 것이다. 언제나 문이 열려 있는, 하노버 시민들에게는 영업시간도 휴일도 없는 작은 도서관이다.

하노버의 열린 책장은 지난 2004년 시의원을 지낸 모니카 뮐러 박사의 제안으로 설치된 이후 현재까지 도시 곳곳에 25개가 세워져 운영되고 있다고 한다.

생활체육에 아낌없이 투자하는 나라

하노버는 스포츠 도시로도 유명하다. 핸드볼, 축구, 아이스하키, 농구, 배구 등 다방면으로 막강 팀들이 포진하고 있다. 그러나 프로스포츠만 유명한 건 아니다. 일반인들이 참여하는 스포츠 클럽도 쟁쟁한 실력을 자랑하는 팀이 적지 않다. 주말이면 경기에 참여하는 사람들로 체육관이나 운동장 주변이 항상 분주하다.

독일인들은 주말에 주로 무엇을 하면서 보낼까? 교회에 나가는 것도 아니고, 상가도 문을 여는 곳이 없어 쇼핑을 할 수도 없고, 토요일 오후부터 주말 내내 시내는 한산하다. 그렇다고 우리처럼 주말마다 결혼식이다 뭐다 경조사가 엄청 많은 것도 아닌데, 처음엔 참 궁금했다.

프로보다 생활체육 시설에 집중적으로 투자하는 독일

그런데 우리 아이들이 운동을 시작하면서 주말마다 거의 시합이 있어 이 도시 저 도시 체육관마다 쫓아다니다 보니 많은 사람이 거기 있다는 것을 알게 되었다. 체육관이나 야외 잔디 구장, 테니스장 등 주말이면 대부분 클럽 대항 시합이 있기 때문에 종합체육 시설이 있는 장소는 가는 곳마다 사람들이 모여 있다. 선수는 물론이고 어린이나 청소년 같은 경우, 별 볼일 없는 동네 시합이라도 가족이 모두 와서 응원하는 모습을 볼 수 있다.

공도 제대로 못 맞히고 헛손질만 해대는 꼬맹이 선수도 그 부모들은 마치 분데스리가 경기나 되는 것처럼 열심히 응원하는 모습을 보면서 '뭘 저렇게까지?' 하며 처음엔 좀 우습기까지 했다. 그런데 우리

아이들이 시합에 참가하기 시작하니 나도 똑같이 열광했다. 분데스리가가 다 뭔가. 국가 대항전보다 더 스릴 있고 재미있었다.

한동안 두 아이가 모두 탁구를 했기 때문에 시합이 있을 때마다 여기저기 따라다니다가 독일인들의 생활체육 시설을 둘러보고 놀랐다. 처음 독일에 왔을 때는 유치원이나 학교, 강당, 수영장 등의 외양을 보고는 실망을 많이 했다. 그럴듯하고 세련되게 단장한 곳이 흔치 않았기 때문이다. 보통 체육관은 50년이 넘은 낡은 건물들이 허다했고, 아이들이 수영 수업을 하는 곳도 단조롭고 허름한 동네 수영장이 대부분이었다. 처음엔 도대체 이 나라의 무엇을 보고 선진국이라고 하는지 얼른 이해할 수 없었다. 25년 전에도 나는 올림픽 경기장으로 사용된 잠실 수영장에서 수영을 배웠던 터라. 그 당시 서울에서 가장 큰 잠실 수영장에는 서울 사람들이 모두 몰려들어 바글거렸다.

목동에서 한 시간가량이나 차를 타고 잠실까지 수영을 하러 다녔다. 이유야 어찌되었든 우리나라에서 최고로 좋은 수영장에 다닌다는 자부심에 은근히 어깨가 으쓱했다. 그러다가 여기 아이들이 수업하는 동네 목욕탕 같은 풀장을 보니 실망하지 않을 수 없었다.

하지만 그것이 다는 아니었다. 질보다 양적으로 엄청난 차이가 있다. 수영장을 이용하는 인구도 한국과는 비교할 수 없이 많다. 학교 수업부터 시작해서 보통 가족들이 할 일 없으면 찾는 곳이니 수요도 많고, 또 어디에서나 가까운 곳에 있으니 쉽게 드나드는 데 불편함이 없다.

겉모습은 허름하고 보잘것없어 보이지만 그 안에 있는 시설들은 확실한 안전을 자랑한다. 우리 아이들이 스포츠 클럽에서 사용하는 탁구대만 하더라도 클럽 회원 수에 비례하여 5년에 한 번씩 멀쩡한 것을 중고로 팔아 치우고 새것을 받는다. 그러다 보니 각 클럽에서 사용하는 탁구대는 거의 최신형 상품이다. 허름하고 초라한 체육관과는 어울리지 않아 보이지만 이런 모습이 바로 독일 사회의 진면목이다.

우리 가족이 사는 인구 26만 소도시 아헨에는 76개 종합체육관과, 300㎡ 정도의 소규모 체육관이 64개나 되며, 700㎡ 규모의 체육관이 4개, 1200㎡가 넘는 대규모 종합체육관이 8개나 있다. 인구 26만이면, 20여 년 전 신도시가 형성되었던 경기도 일산이 현재 90만이 넘어 100만에 육박하고 있다니 비교해 보면 알 수 있을 것 같다. 이 모든 시설들이 각 스포츠 클럽에 무료로 제공되니 돈으로 계산하면 이미 천문학적 액수다.

그런데 생활체육을 위해서는 이렇게 전폭적으로 지원하지만 엘리트 스포츠 선수의 양성을 위해서는 야박하기 그지없다. 우리 아이들을 통해 알게 된 탁구만 하더라도, 물론 재능 있는 청소년에게 지원이 없지는 않지만 생활체육 시설에 투자하는 것에 비하면 '네가 좋으면 알아서 해봐라'는 식으로 방치한다.

가끔 재능이 뛰어난 아이들이 눈에 띄지만 특별 대접을 받지 못하고 그저 그런 아이들과 섞여서 하다 보니, 확실하게 크기가 쉽지 않을 뿐만 아니라 결국은 사장되는 상황도 적지 않게 목격했다. 이 나라는 학교 공부처럼 운동도 역시 월등한 단 한 사람의 엘리트 선수를 키우기보다는 함께 즐기며 협력하는 팀워크를 최고의 가치로 여긴다.

독일의 관문
중부 독일

독일 문화의 최고봉 쾰르너 돔

아헨에서 아우토반으로 한 시간 거리에 쾰른이 있다. 가끔 주말에 시간이 나면 찾아가는 도시다. 마침 시기가 맞아 쾰른의 클레턴베르크에서 길거리 축제를 구경할 때도 있다. 해마다 열리는 카레페스트라는 길거리 축제가 쥴츠와 클레턴베르크 지역의 중심가를 따라 장사진을 이룬다. 사실은 이 지역 상인들이 토요일과 일요일 주말을 이용해서 사람들을 불러 모아 매상도 올리고 지역 홍보도 하는 그런 축제다. 장삿속으로 만들어낸 잔치가 이 동네를 상징하는 문화가 된 것이다.

노드라인베스트팔렌 주에 속하는 쾰른은 인구 99만 6000명이 살고 있으며 독일에서 다섯 번째로 면적이 넓은 도시다. 독일 관광을 오는 사람들이 가장 먼저 찾는 명소로, 쾰른에 갈 때마다 감탄을 자아내게 하는 볼거리는 쾰르너 돔(Kölner Dom)이다. 위치도 쾰른 중앙역 바로 옆에 있어서 기차 여행 장소로도 적당하다.

신을 향한 인간의 욕망이 만들어낸 걸작 쾰르너 돔. 그 옛날에 어떻게 저토록 높은 탑을 쌓을 수 있었던 것인지 신기하기만 하다. 중세 고딕 양식의 쾰르너 돔은 높이가 157.38m로, 161.53m인 울머 뮌스터(Ulmer Münster) 다음이며 유럽에서 두 번째, 세계에서는 세 번째로 높은 교회다. 가까운 곳이라 습관처럼 들러 무심히 지나다니다가 사진을 찍기 위해 자세히 살펴보니, 웅장하기만 한 것이 아니라 구석구석 새겨진 아주 작은 조각까지도 정교하기 이를 데 없었다.

1288년에 시작하여 1880년에 이르기까지 600년 동안 이어진 건축

유럽에서 두 번째, 세계에서 세 번째로 높은 쾰르너 돔

기간은 독일인들에게 '쾰르너 돔이 다 지어지면 지구의 종말이 올 것이다'라는 우스갯소리까지 만들 정도로 긴 여정이었다. 이렇게 오랜 세월 정성 들인 건축물이 제2차 세계대전을 치르면서 70여 차례의 폭격을 맞았다. 쾰른 사람들은 600년의 열정이 낱낱이 흩어지는 모습을 바로 곁에서 지켜보며 얼마나 처참했을까?

그러나 이들은 주저앉아 비통해 하면서 끝내지 않았다. 거대한 건축 쓰레기가 되어버렸지만 쾰르너 돔을 쓸어 담아 폐기처리하지 않았다. 조용히 그리고 아주 조심스럽게 흩어진 조각들을 하나둘 주워 모았다. 그러고는 퍼즐을 맞추듯 끼워 맞추기 시작했다. 이렇게 시작된 복구 작업 덕분에 쾰르너 돔은 1956년부터 서서히 제 모습을 찾을 수 있었다. 폭격에 산산이 부서진 조각들은 지난 1997년까지 고고학자들에 의해 발굴 작업이 계속되었다. 쾰른에 갈 때마다 한 번씩 둘러보는데, 그때마다 돔의 한쪽 모서리는 여전히 보수공사가 진행되고 있다. 반세기가 넘는 세월 동안 진행된 공사가 지금까지 끝나지 않은 것이다.

쾰른은 세계적으로 유명한 사탕 축제가 가장 크고 성대하게 열리는 도시이기도 하다. 매년 2월경, 장미의 월요일이라는 뜻의 로젠몬탁에는 독일의 수많은 도시에서 사탕 축제가 열린다. 이날은 사탕을 주우러 가는 날로, 아이들을 비롯한 수많은 사람이 거리로 쏟아져 나온다. 여전히 동장군이 물러나지 않은 시기지만 멋진 퍼레이드와 달콤한 냄새가 진동을 하면 사람들은 추위를 잊은 듯 열광한다. 겨울의 마지막이 로젠몬탁 축제와 함께 화려하게 이별을 고한다.

1823년 쾰른에서 처음으로 시작된 이 축제는 각 지역별로 연합회

세계적으로 유명한 노드라인베스트팔렌 주의 사탕 축제는 쾰른에서 시작되었다

가 구성되어 조직적이고 계획적으로 개최되는 노드라인베스트팔렌 주의 대규모 연중행사다. 구경하는 사람이나 주최하는 사람 모두 분장을 하고 함께 어우러져 흥겹게 춤을 추며 즐기는 축제다. 이날은 또 사탕과 초콜릿을 주울 수도 있다. 퍼레이드 행렬은 도시의 중심을 크게 한 바퀴 돌 때까지, 사탕과 초콜릿을 마구 쏟아붓듯 뿌리며 이어진다.

사탕 축제는 쾰른뿐 아니라 내가 사는 도시 아헨과 인근 노드라인베스트팔렌의 많은 도시에서 열리는 세계적으로 유명한 축제다. 아이들이 어릴 때는 2월이 되면 사탕을 주울 수 있는 로젠몬탁 축제를 손꼽아 기다렸다. 독일에 막 와서 큰아이가 어릴 때는 멋모르고 손에 잡히는 대로 주웠더니 너무 많아 결국엔 다 먹지 못하고 버리기가 일쑤였다. 작은아이와 함께 나가는 요즘엔 먹을 양만큼 맛있는 것만 골라서 한 봉지 담아 오곤 한다. 마음만 먹으면 정말 원 없이 사탕과 초콜릿을 주워 모을 수 있다.

애물단지 라인-마인-도나우 운하

쾰르너 돔 인근을 잠깐만 벗어나 시 외곽 지역으로 접어들면 시원하게 정돈된 라인(Rhein) 강 산책길이 나타난다. 사시사철 관광객으로 북적이는 라인 강변은 마냥 아름다운 풍경만 있는 장소는 아니다. 시커먼 석탄을 운송하는 대형 선박이 수시로 지나가고 깎은 듯 반듯하게 콘크리트를 발라 올린 강변은 곡선을 잃어버려 삭막하기까지 하다.

　남독일에서 북독일까지 880km 구간을 관통하며 흐르는 라인 강은 예로부터 독일의 가장 중요한 젖줄이다. 이 라인 강을 뱃길로 이용하기 위하여 독일인들은 이미 19세기부터 물길을 직선화하고 강바닥을 파는 준설 공사를 했고 20세기에는 몇 개의 갑문을 세웠다. 이렇게 라인 강과 도나우(Donau) 강, 라인 강의 지류인 마인(Main) 강을 연결해서 장장 3500km의 뱃길을 열 수 있게 연결한 수로가 라인-마인-도나우 운하다. 이 운하가 100년의 대공정 끝에 마침내 20년 전 완공되었다.

　그러나 운하는 공사 도중에도 수많은 불협화음을 낳았던 독일의 대표적으로 잘못된 정책이다. 공사 도중에도 막대한 공사비와 환경 파괴에 비해 경제성이 없다는 이유로 반대가 심해 12년 동안 중단되는 사태까지 발생했다. 도로와 철로의 발달로 더 이상 운하가 필요 없어진 현실도 반대의 중요한 이유였다. 그러나 이미 공사는 진행된 상태고 환경단체와 학계의 충분한 자문을 통해 최대한 친환경적으로 설계를 변경해 가며 완공해 오늘에 이르렀다.

　그러나 지금도 운하는 계획 당시의 경제적인 효과는커녕 화물 운송도 당초 예상했던 양의 30% 정도에 그쳐 적자를 면치 못하고 있는 상태다. 결국 대운하를 유지하기 위해 국민들의 세금만 무더기로 쏟아붓고 있다. 그럼에도 불구하고 정작 기업들은 물류 운송 수단으로 운하를 기피하고 있다. 이유는 신속한 운송이 중요한 시대에 배로는 너무 많은 시간이 소요되기 때문이다. 사람들이 공사 기간 중 끊임없이 문제를 제기했던 것처럼 100년 전에 비해 시대가 이미 변해버린 것이다.

유람선이 정박하고 있는 쾰른의 라인 강변

친환경적으로 설계를 변경하고 학계의 자문을 받아 보완했다지만 습지가 사라지고 인근에 서식하던 동식물이 멸종되는 사태는 계속 증가하면서 생태계의 균형은 날이 갈수록 깨지고 있다. 게다가 라인 강은 지금 홍수에 몸살을 앓고 있다. 해마다 우기가 되면 강변 도시들이 물에 잠기는 모습이 TV를 통해 비춰진다. 자연의 순리를 거역한 인간에게 자연이 내린 형벌이다.

　물은 샘에서 솟아 나올 때부터 구불구불 흐르고 적당히 범람하며 완급을 조절해야 하지만 인간이 반듯하게 정리해 놓은 수로를 타고 거침없이 쏟아져 내려오게 된 것이다. 수로 공사 전에는 3~4일이 걸려야 상류에서 중류까지 도착하던 강물이 지금은 단 하루면 충분하다고 한다. 과거에는 10년에 한 번 일어날까 말까 했던 홍수가 요즘은 비가 약간만 많이 오면 2~3년에 한 번씩 발생하고 있어 걱정이 이만저만이 아니다. 이미 무덤 속에 들어가 있을 조상을 원망할 수도 없는 일이니 답답한 노릇이다.

　거기다가 더 무서운 일은 지하수가 고갈되는 현상이 곳곳에 나타나고 있는 것이다. 물이 직선으로 흐르면서 물살이 세어지니 강바닥이 파이면서 강의 수면이 낮아지고 지하수의 수면도 예전에 비해 평균 8m나 낮아졌다. 숲은 점점 죽어 가고 물이 귀한 땅이 되었으니 농부들도 선택의 기로에 놓일 수밖에 없게 되었다. 특히 갑문이 있는 유역은 막아 놓은 물이 폭포처럼 떨어지니 지반침하를 감당할 수 없어 연간 몇백만 유로를 들여 정기적으로 엄청난 양의 자갈을 강바닥에 쏟아붓고 있다.

인간이 자초한 재앙과의 싸움에 지친 독일인들은 강의 둑을 헐어내기 시작했다. 100년 전의 강으로 다시 돌아가는 작업이 시작된 것이다. 지금은 라인 강의 상류부터 범람지와 습지를 되살리고 재자연화 공사가 진행 중이다. 이미 완성된 지역은 숲이 조성되고 사람들은 예전처럼 구불구불한 강변에서 독서를 하며 일광욕을 즐기거나 아이들과 함께 물놀이를 할 수 있게 되었다.

세상에서 가장 달콤한 박물관

 쾰른에 가면 아이들과 함께 만만하게 가 볼 수 있는 거리에 초콜릿 박물관이 있다. 강변을 따라 무작정 걷는 것도 좋지만 아이들은 막연히 산책만 하자면 지루하다고 투덜거린다. 무엇인가 목적지가 있어야 오래 걸어도 신나게 따라나선다.

 라인 강변 산책로를 따라 한참을 걷다 보면 세상에서 가장 달콤한 박물관이 나타난다. 입구에서부터 미각을 자극하는 달콤 쌉싸름한 냄새가 사람들을 유혹하기 시작한다. 초콜릿과 라인 강을 생각하면 특별히 연결되는 이미지는 없지만 건물 외형과 강은 그럴듯한 조화를 이룬다.

 박물관이 자리한 강변은 중세 때는 작은 부두가 있어 번화하지는 않았지만 꾸준히 사람들의 발이 되어 준 지역이었다. 유리와 알루미늄으로 외벽을 장식한 유람선 모양의 박물관 건물은 강변에 정박한 듯 유유히 서 있다. 3층으로 된 전시관은 유리 벽을 통해 박물관 내부에서 직접 강을 바라볼 수 있도록 설계되어 있다.

5300만 마르크, 1993년 당시 독일 화폐로 큰돈을 들여 완성된 이 박물관은 평생을 초콜릿에 묻혀 살아온 한스 임호프 씨의 열정으로 탄생했다. 1921년 열쇠 마이스터의 아들로 쾰른에서 태어난 그는 어릴 때부터 초콜릿 공장 인근에서 자라면서 그 달콤한 향기에 매료되어 평생을 초콜릿 사랑에 빠져서 살았다고 한다.

전쟁 후 한스 씨는 본격적으로 초콜릿 사업을 시작했고 성공 가도를 달리면서 젊은 날의 꿈이었던 박물관 설립을 실현했다. 지난 2007년 85세의 나이로 세상을 떠났지만 그 달콤한 열정은 지금도 수많은 초콜릿 애호가들에게 사랑받고 있다.

연일 관광객으로 장사진을 이루는 이 박물관을 보면 독일인들이 얼마나 초콜릿을 좋아하는지 알 수 있다. 1년에 몇 번 맛볼 일조차 없는 나 같은 사람은 이해할 수 없을 정도로 좋아한다. 슈퍼마켓 과자 코너에서 초콜릿이 든 과자를 빼면 감자칩밖에 없을 정도다.

초콜릿이 든 과자나 빵을 보면 비슷한 색이어서인지 나는 항상 단팥빵이 떠오른다. 단팥빵, 단팥이 든 찐빵, 팥빙수, 어떤 군것질이든 팥이 들어 있으면 아무리 배가 불러도 한 입이라도 맛을 볼 정도로 좋아했다. 아주 어릴 때부터 먹었던 익숙한 맛이기 때문인 것 같다. 독일에 와서 가장 아쉬웠던 점은 팥을 넣은 군것질거리가 없다는 것이었다. 독일인들은 다른 콩은 다 먹는 것 같은데 팥은 먹지 않는다. 팥을 넣어 만든 먹을거리는 전혀 없다.

강에 떠 있듯 배 모양으로 지어진 초콜릿 박물관

양초 모양의 초콜릿 장식

처음 독일에 왔을 때였다. 한번은 슈퍼마켓에서 장을 보다가 부드러운 빵 속에 검붉은 무엇인가가 들어 있는 것을 보고는 순간적으로 단팥빵이라고 착각했다. 반가운 마음에 얼른 장바구니에 집어넣고 집에 와서 열어 보니 초콜릿을 가득 채워 넣은 빵이었다. 요즘은 가끔 뒤셀도르프(Düsseldorf)에 있는 일본 빵집에 가면 단팥빵을 구할 수도 있다. 그리운 단팥빵. 엉뚱하게도 초콜릿 박물관을 돌아보는 내내 촌스럽게도 단팥빵 생각이 간절했다.

초콜릿 박물관에서는 3000년 전부터 오늘에 이르기까지의 초콜릿 역사를 둘러볼 수도 있다. 카카오나무는 아마존 지역에서 자생하기 시작하다가 동물들에 의해서 중앙아메리카로 번식해 왔다고 한다. 가

초콜릿 박물관 한쪽에서 시식을 준비하는 독일 아가씨

장 먼저 천연 카카오를 이용하기 시작한 민족은 기원전 1000년, 현재 멕시코 지역의 올메켄이라는 부족이었다. 초콜릿 박물관에는 그 부족의 이야기와 카카오를 생산하는 지역민들의 생활상이 상세하게 전시되어 있다.

각양각색으로 화려하게 장식한 초콜릿 케이크와 세상의 시름이 잊힐 정도로 달콤한 맛에 흥분을 감추지 못하던 사람들도 생산지 원주민들의 생활상을 둘러볼 때는 자못 진지해진다. 함께 전시된 19세기 귀족들이나 드나들던 초콜릿 상점과 그 옛날 초콜릿을 마시던 화려한 잔과 주전자가 묘한 대조를 이루었다. 가장 신기한 물건은 1900년대의 초콜릿과 사탕 자동판매기였다. 그 시대에 벌써 자동판매기가 있었다니, 모양도 디자인도 결코 시대에 뒤지지 않을 정도로 근사하다.

　박물관 안에서는 소규모로 초콜릿을 생산하는 공정을 보여 주며 직접 포장까지 해서 그 자리에서 판매하기도 한다. 서너 시간 동안 구석구석 모두 돌아보고 입구에 도착하는 사람들 손에는 포장된 초콜릿이 한 아름씩 들려 있다.

네덜란드, 벨기에, 독일이 만나는 도시 아헨

　내가 살고 있는 아헨은 네덜란드와 벨기에, 독일이 국경을 접하고 있는 곳이다. 자동차로 5분만 달리면 벨기에와 네덜란드 국경에 닿을 수 있어 가끔 장을 보러 다른 나라에 휙 다녀오곤 한다. 여권 검사도 하지 않는, 집 한 채 건너 국경을 지나면 바로 언어가 생소해진다는 사실이 처음엔 신기했다. 벨기에는 프랑스어를, 네덜란드는 네덜란드어를 사용하고 있지만 어느 곳에서나 독일어가 통하기 때문에 불편함은 전혀 없다.

　노드라인베스트팔렌 주의 한 도시인 아헨은 160.83㎡에 26만 명 정도의 인구가 살고 있다. 도시에 사람이 살기 시작한 것은 기원전 3000년 전부터라고 하니 장구한 역사를 간직하고 있다. 아헨은 로마 시대부터 온천으로도 유명하고 특히 외국어를 배우기 좋은 곳이다. 지리적 여건 때문에 프랑스어와 독일어, 영어, 네덜란드어를 사용하는 사람들이 뒤섞여 살고 있기 때문이다. 초등학교 4년 동안은 벨기에

유네스코 세계문화유산으로 지정된 아헨 돔

아헨은 말로 유명한 도시다. 시청 건물에 딸린 레스토랑 홍보용 조형물도 말 모양이다

에서 프랑스어로 수업하다가 독일의 영어 김나지움에 입학하는 학생도 있고, 초등학교에서 이미 독일어와 불어를 동시에 배우는 아이들도 있다. 특히 네덜란드어는 아헨 사투리와 아주 비슷해서 아헨 본토박이들은 아주 쉽게 배울 수 있다고 한다.

독일의 다른 도시들보다 비교적 사람들의 성향도 개방적이고 집값과 물가도 싸서 외국인이 살기에는 더없이 좋은 곳이다. 13년 가까이 살고 있지만 길에서 큰소리 한번 들어 보지 못한 조용한 도시이기도 하다.

가끔 시내에 나갈 일이 있으면 고양이가 생선 가게 앞을 그냥 지나치지 못하듯 커피를 좋아하는 나는 항상 어디든 들러 막 갈아 내린 구수한 원두커피 한 잔을 마시고 일어난다. 그럴 때마다 드는 아쉬움은 맛있는 커피를 더욱 음미할 수 있도록 분위기 잡아 주는 음악이 없다는 것이다. 전통적인 독일 카페에는 음악이 없다.

베토벤, 바흐, 모차르트, 슈베르트, 하이든 등 음악에 문외한인 나도 많이 들어 본 독일 음악가들이다. 독일 사회를 전혀 몰랐을 때는 클래식의 고향과 같은 이 나라에 오면 모든 사람들이 그 속에 젖어 음악처럼 살고 있을 줄 알았다.

햇볕 좋은 날 양지바른 노천카페에서 베토벤의 〈전원 교향곡〉이나 모차르트의 피아노 협주곡을 들으며 갓 내린 원두커피를 즐길 수 있을 줄 알았다. 그건 한국 여행 프로그램에서 유럽의 시가지가 나올 때마다 흘러나오던 익숙한 음악과 풍경 들이라 나도 모르게 허상을 가지고 있었던 것 같다.

20대 때 나는 분위기 좋은 카페만 있다면 적지 않은 커피 값에 가벼워지는 지갑의 무게를 아까워할 줄 모르고 뻔질나게 드나들었다. 그곳엔 언제나 손님이 많지 않아야 했고, 잔잔한, 때론 가슴을 쓸어내리는 음악이 있어야 했다. 클래식이라면 장중한 정통 음악보다는 세미클래식 정도가 좋았고, 1980년대를 살았지만 대중가요는 언제나 1970년대로 거슬러 가고 싶었다.

독일에 살면서도 가끔은 그런 여유가 그리워지지만, 아헨 시내의 어디를 가도 간단하게 아침을 먹을 장소는 많아도 커피 한 잔을 시켜놓고 몇 시간을 빈둥거릴 수 있는 음악 카페는 없다. 간혹 있다 해도 음악이 없거나 있어도 터져라 질러 대는 소리만 들리는 통에 잠시도 앉아 있고 싶지 않다. 한동안은 한국식의 조용한 음악 카페를 많이 그리워했다.

독일인들을 가장 많이 알 수 있게 된 계기는 10여 년 전 학생으로 있을 때, 이곳 아헨에서 잠시 백화점 직원 식당에서 판매원으로 아르바이트를 할 때였다. 손님이 항상 붐비는 것도 아니고 점심시간에 잠깐 우르르 모여드는 직원들만 상대하면 되는 일이어서 계산대는 항상 한가했다. 더구나 뜨내기손님 없이 매일 보는 직원들만 상대할 수 있어서 독일어가 유창하지는 않았지만 일하기가 그리 어렵지는 않았다.

아침에 출근을 하면 심심하기도 하고 혼자 매장을 지키는 일이 따분해서 좋아하는 세미클래식 CD를 몇 장 가져가서 돌렸다. 라디오에서 흘러나오는 음악은 하나같이 마음에 들지 않았다. 나이가 들었다는 증거인지 산만하고 시끄러운 음악은 정말이지 듣고 싶지 않아서이기도 했다.

그런데 한가한 오전 시간에 들어온 첫 번째 커피 손님이 음악을 좀 바꾸어 줄 수 없겠냐는 주문을 해왔다. CD를 정지시키고 라디오를 켜니 다시 내용도 알 수 없는 시끌벅적한 헤비메탈이 흘러나왔다. '이제 됐냐?'라는 듯 눈신호를 보내니 손님은 아주 만족한 얼굴로 웃어 주었다.

그 후 몇 명의 손님으로부터 재차 비슷한 주문을 받았지만 그때까지도 나는 개인의 취향이겠거니 여겼지, 내가 실수를 하고 있다고는 생각하지 못했다. 그러다가 어떤 깐깐한 50대 여자 손님의 직선적인 조언으로 그제야 겨우 감을 잡았다. 그녀의 말에 의하면 클래식은 좋

가는 곳마다 예술 작품이 눈에 띄는 아헨 시내

아하는 사람이나 즐기는 음악이지 공공장소에서 트는 것은 실례라는 것이다. 또한 클래식뿐만 아니라 모든 조용하고 가라앉는 음악은 사람이 많은 곳에서는 주의해서 틀어야 한다고 알려 주었다.

그 말을 들은 후론 나도 어쩔 수 없이 시끄러운 음악에 익숙해져야만 했다. 그러면서 곰곰이 '나는 왜 슬픈 리듬이 더 편했던 것일까?' 생각해 보았다. 요즘 젊은 세대는 달라졌지만, 우리 시대 대중가요는 슬픈 리듬이 많았다. 자유를 갈구하는 사람들이 드나들던 통로는 언제나 매캐한 최루가스에 절어 있었고, 데모라도 있는 날 저녁이면 들을 수 있었던 〈아침이슬〉, 한잔 걸치면 울분을 토해내듯 부르곤 했던 〈임을 위한 행진곡〉에 익숙해야만 했다.

어쨌든 독일인들은 조용한 음악을 별로 좋아하지 않는다는 것을 그때 알았다. 좋아하지 않을 뿐만 아니라 공공장소에서 그런 음악을 트는 것도 실례였다. 국민가요인 폴크스 뮤직 역시도 한국의 트로트처럼 처량한 가락이라고는 찾아볼 수 없이 명랑하고 경쾌하다.

그리고 보니 이들이 우리 대중가요 속에 깃든 깊은 한을 이해할까 싶은 생각이 들기도 했다. 남을 침략해 보기는 했지만 침략받아 보지는 않은 사람들, 가난을 경험해 보지 않은 세대, 잘사는 나라에서 태어났다는 이유만으로 보호받고 자란 사람들, 우리와 가까이하기엔 정서적 차이가 큰 것이 당연한지도 모른다.

가끔 벼룩시장 같은 곳에서 쓰레기통을 뒤져 모은 헌 물건들을 내놓고 손님을 기다리는 이슬람 사람들을 본다. 그들의 낡은 라디오에서 흘러나오는 유행가에 바삐 가던 걸음을 늦추고 괜히 서성이며 늑

장을 부릴 때가 종종 있다. 처음 듣는 노래지만 가슴을 파고드는 애잔한 선율과 한 서린 음색이 왠지 낯설게 여겨지지 않는 것은, 슬픔의 무게가 우리와 많이 닮아 있기 때문인 것 같다.

한 점에서 출발하는 세 나라의 국경선

예전 우리 가족이 살던 아파트 뒤쪽으로 난 긴 산책로를 따라가면 독일과 벨기에, 네덜란드가 만나는 드라이랜더액(Dreiländereck)이라는 삼각 지점에 닿는다. 국경선이라고는 철조망밖에 볼 수 없었던 한국인이기 때문인지, 아담한 공원으로 조성되어 있는 드라이랜더액의 평화는 언제나 내게 감동으로 다가온다. 이 공원은 멀리서 찾아오는 관광객들도 많지만 인근에 사는 세 나라 주민들의 산책 코스로도 사랑받는다.

드라이랜더액은 1815년부터 1919년까지 노이트랄 모레스네트(Neutral-Moresnet)를 포함해 네 나라가 만나는 피어랜더액으로 불리기도 했다. 당시 네덜란드와 프로이센은 아연이 풍부한 아레알스를 서로 차지하기 위해 여러 차례 전쟁을 했으나 아레알스의 중심 지역인 노이트랄 모레스네트는 어느 국가에도 소속되지 않고 두 나라 공동의 자치구가 되었다.

노이트랄 모레스네트는 국제사회에서 정식으로 인정받은 독립된 나라가 아니었기에 이 지역은 드라이랜더액으로 더 잘 알려져 있다. 처음 이곳을 찾았을 때는 외부에서 들었던 명성에 비해 너무나 보잘

네덜란드, 벨기에, 독일, 세 나라의 국경선이 만나는 드라이랜더액 공원

것없는 시설들에 적잖이 실망했다. 세계적인 관광지라면 으레 웅장하고 번화할 것으로 생각했는데, 겨우 있다는 것이 작은 놀이터와 레스토랑 두 곳에, 감자튀김이나 햄버거를 살 수 있는 구멍가게 두 군데가 전부니 그럴 수밖에.

그러나 오랜 시간 드나들다 보니 최대한 자연을 훼손하지 않으면서 훌륭한 휴식 공간을 제공하는 유럽 스타일의 이 공원이 마음에 들어오기 시작했다. 이렇게 돈이 되는 장소를 그대로 방치해 둔다는 것이 경제 원리에 맞지 않는다는 생각이 들기는 했다. 그러나 고급 레스토랑에서부터 각종 호화찬란한 상점들이 늘어서 있었다면 주변 경관에 눈을 돌릴 여유가 있었을까 생각해 보니 다행스럽기까지 하다.

유일한 명물이라고 할 만한 것은 북스 나무를 심어서 길을 만든 미로다. 그것도 일단 들어가 보면 입장료가 아깝다는 생각이 들 정도로 특별한 볼거리가 없다. 길 찾기가 간단하지는 않지만 20분만 헤매면 목적지에 도달할 수 있어 싱겁게 끝나기 때문이다. 그러나 이 미로의 매력은 길 찾기에 있지 않다. 어른 키보다 더 자란 북스 나무 숲을 헤매고 다녀야 한다는 점이 더 인상적인 것이다.

이 공원의 가장 중심에는 세 나라가 만나는 교차점이 명확하게 선으로 표시되어 있다. 작은 돌기둥을 중심으로 자를 대고 도형을 그리듯 반듯하게 땅이 나뉘어 있는 것을 보면 국경이 어딘지도 모르고 넘나들던 이 세 나라가 새삼 각기 다른 나라였다는 사실을 확인하게 된다.

국토의 25%가 해수면보다 낮다는 네덜란드에서 최고로 높은 지점은 322.5m라고 한다. 그런데 그 정상이 바로 드라이랜더액에 있어 이

세 나라의 국경선이 만나는 지점을 정확히 선을 그어 표시하고 가운데 돌기둥을 세웠다

나라는 역시 세계에서 자전거 타기에 가장 좋은 땅이라는 사실을 실감할 수 있다. 네덜란드의 최정상까지 힘도 별로 들이지 않고 자전거를 타고 쉽게 올라갈 수 있기 때문이다.

드라이랜더액을 산책하다가 운이 좋으면 인근에서 가끔 기사대회도 구경할 수 있다. 독일에는 지금까지 중세인의 삶을 고집하는 집단이 있다. 그들은 무리를 지어 이곳저곳 떠돌면서 유랑 생활을 한다. 또한 정기적으로 중세의 문화나 기사들의 삶을 재현하는 행사를 개최해서 생활비를 벌어들이기도 한다. 기사대회장에서는 골동품이나 여러 가지 중세의 의상이나 창과 칼 등 장식용 소품들을 살 수 있다. 중세 기사의 삶과 그들의 의식주를 모두 볼 수 있어 특히 아이들이 열광하는 축제다. 기사라면 자다가도 벌떡 일어날 정도인 유치원이나 초등학교 정도의 남자 아이들에게 인기다.

드라이랜더액에서 개최되는 기사대회는 중세 때 독일 아헨과 인근의 벨기에, 네덜란드에 흩어져 살고 있던 에네(Eyne)라는 민족의 이름을 표방한 기사 클럽에서 주최하는 축제다. 이 클럽엔 13명의 기사와 200여 명의 회원들이 적극적으로 활동을 하며 1년에 여섯 번, 중세 시장을 동반한 기사대회를 개최한다.

대회에서 기사들의 칼싸움과 활쏘기, 말 타기, 사냥 등을 재현하고 중세 시장을 열어 물건도 내다 판다. 이들은 대회 기간 동안 천막 안에서 잠을 자고 장작불을 이용해 무쇠 냄비에 요리를 하는 등 철저하게 옛 모습 그대로 생활한다. 에네족 이외에도 독일에는 여러 개의 유사한 클럽이 존재하며 이들은 서로 정기적인 만남을 통해서 연합회를 구성하기도 하고 연합 기사대회를 열기도 한다.

드라이랜더액을 중심으로 독일과 벨기에, 네덜란드 세 나라에 접해 있는 산책로는 각각 주택가에서 어른 걸음으로 30분에서 한 시간 가량 소요된다. 숲길은 인적이 끊이지는 않지만 붐비지도 않아 산책하기에는 안성맞춤이다. 산책 나온 사람들은 대부분 노부부나 아이들과 함께 온 가족이다. 숲의 고요에 제압당해서인지 소리를 질러도 인간의 소리는 크게 울리지 못한다. 사람 소리보다는 새소리가 더 강하게 나무를 흔들곤 한다.

사람이 많이 사는 독일 주택가는 어디를 가나 가까운 거리에 숲이 있다. 지금 살고 있는 우리 집도 현관을 나와 5분만 걸어가면 바로 들

과거 아헨과 벨기에 네덜란드에 흩어져 살았던 에네 민족의 이름을 표방한 기사 클럽 축제

판을 가로질러 웅장하게 돌아가는 풍력발전기들이 줄줄이 서 있다. 그 엄청난 동력을 뒤로하고 샛길로 빠지면 바로 광릉수목원과 같은 울창한 숲이 나타난다. 자동차가 다니지 않는 깔끔하고 좁은 산책로를 따라 나무들이 질서 정연하게 늘어서 있는 것이 거의 비슷하다. 독일의 숲은 침엽수와 활엽수가 적당히 조화를 이루고 있어서 한겨울에도 앙상한 알몸을 드러내지 않는다. 또 여름에도 뱀이나 송충이 같은 징그러운 벌레들이 없어서 마음 놓고 산림욕을 즐길 수 있다.

사람의 손길이 적당히 느껴지는 숲에는 계획적으로 심은 아름드리 고목이 가득 들어차 있다. 처음에 어린 나무들을 빈틈없이 심었다가 점점 자라게 되면 중간 중간 솎아내어, 숲 속에는 언제나 베어낸 나무들이 턱턱 쓰러져 있다.

솎아낸 나무들은 그대로 토막을 내어 숲에서 말리기도 하고 큰 것들은 목재소로 운반해 간다. 이곳저곳에 나뒹구는 나무토막들은 비도 맞고 눈도 맞으면서 저절로 마르게 되고, 나중에 값싼 땔감으로 팔려 나간다. 필요한 사람들이 직접 찾아와 돈을 내고 한 해 겨울을 날 만큼의 벽난로용 땔감으로 주워 간다.

큰아이가 철들고 처음으로 한국을 방문했을 때, 독일과 한국의 가장 큰 차이가 무엇이었냐고 물으니 바로 나무라고 대답했다. 어디를 가나 나무가 가득한 독일에 살다가 한국에 가니 차이를 확연하게 느꼈던 것 같다.

그런데 한국뿐만 아니라 이웃 나라인 프랑스나 벨기에, 네덜란드 등에 잠깐 들러도 가장 먼저 감지되는 차이가 나무다. 어느 나라나 독일보다 나무가 적다. 작은 자투리 공간만 있어도 빽빽하게 숲을 만들어 놓은 독일에 비해 확실히 다르다. 독일에서는 숲은 물론이고 하다못해 가정집 정원에도 50년, 100년 된 거목이 싱싱하게 자라고 있는 것을 흔하게 볼 수 있다. 독일인이 자연보호에 관심을 갖기 시작한 것은 18~19세기부터라고 한다. 정식으로 자연보호법이 만들어진 시기는 1906년 프로이센 공화국 때라고 하니 이렇게 성숙한 환경보호 의식이 깃들기까지 짧지 않은 세월이 필요했음을 알 수 있다.

사람소리보다 새소리가 더 크게 울리는 숲길은 붐비지는 않지만 인적이 끊이지도 않는다

독일 숲에는 자연도 지키기만 하면 되는 것이 아니라 만들고 가꾸어야 우리 곁에 항상 함께 할 수 있다는 진리가 숨 쉬고 있다. 이 사람들은 세상의 나무가 모두 없어지는 날 자신들의 나무를 벨 것이라고 한다. 얼마나 숲을 소중하게 생각하는지 알 수 있는 말이다. 숲은 언제나 이들에게 고향과 같은 포근함으로 일상의 피로를 풀어 줄 뿐만 아니라, 희망이요, 미래요, 자원의 보고다.

아름다운 중세 도시 몬샤우

아헨에서 계곡을 끼고 굽이굽이 돌아 45km 정도를 달리면 몬샤우 (Monschau)라는 아름다운 중세의 도시에 닿는다. 도시도 아름답지만 가는 동안 끝없이 이어질 것만 같은 짙푸른 가로수 터널을 달리다 보면 가슴속까지 시원해진다. 아헨에서 가까워 날씨가 좋은 날이나 무료한 주말 오후에 가볍게 다녀올 수 있기 때문에 어디에 무엇이 있는지 알 수 있을 정도로 자주 찾는 도시다.

드넓은 평야로 이어진 북독일에서 출발하여 남으로 내려오다 보면 서서히 굽잇길이 시작됨을 느낄 수 있다. 아헨이 그런 도시다. 북서쪽으로는 네덜란드와 국경을 접한 시원한 들판이 펼쳐져 있고, 남으로 내려가면 야산을 끼고 발달한 몬샤우 계곡을 만날 수 있다.

입구에 도착하면 화려한 유리 공예품 상점이 기다린다. 2000년 전의 전통 로마식 유리 공법을 그대로 재현하여 생산하고 직접 그 장소

몬샤우 유리 공예품 상점인 뢰미쉐글라스휘테에 전시되어 있는 유리 공예품

에서 판매까지 하는 뢰미쉐글라스휘테(Römische Glashütte)다. 상가의 정문을 들어서면 귀한 예술품들과 각종 고가의 유리그릇들이 진열되어 있는 모습이 상가라기보다는 커다란 전시장 같은 느낌을 준다.

빛깔별로 나뉜 각 진열대는 색의 특성과 작은 빛들이 조화를 이루어 오묘한 분위기를 자아낸다. 한눈에 보아도 시중에서 쉽게 구할 수 있는 작품들이 아니다. 수공예품이라서 값도 역시 만만치 않다. 비싼 가격 때문인지 구경만 열심히 하고 빈손으로 나가는 사람들이 대부분이다. 독일인은 여행을 가도 물건을 덥석덥석 사지 않는다. 세계에서

몬샤우 거리는 상가마다 진열되어 있는 예쁘고 다양한 관광 상품들도 구경거리다

여행을 가장 많이 다니는 사람들이 독일인이지만, 아마도 휴가지에서 제일 돈을 아껴 쓰는 여행객도 이들일 것이다.

아름답고 화려한 상가를 돌아 뒤쪽으로 나 있는 넓은 작업장에서는 유리를 생산하는 과정을 직접 견학할 수 있다. 두 사람의 장인이 약 1280도의 오븐에 유리를 직접 녹여서 입으로 불고 손으로 갈아서 공예품을 만드는 과정을 보여 준다. 어마어마한 열기를 받고 구슬땀을 흘리면서도 민첩하고 정교한 손놀림이 신기하다.

몬샤우는 도시 자체가 하나의 거대한 건축 박물관이다. 산기슭을 끼고 발달한 중세 도시의 건물들에는 아직도 일반인들이 살고 있다. 문화재로 지정된 가정집과 상가가 300채가 넘을 정도로 마을 전체가 문화재라고 해도 과언이 아니다. 아직도 사람들이 그 오래된 집에 살고 있다는 사실이 놀랍기만 하다.

동네 입구에 들어서면 집들의 벽은 회색이고 창틀은 모두 붉은색으로 칠해져 있다. 거리 미관을 위해 통일시킨 건지, 집주인이 알아서 같은 색을 칠했는지는 모르지만, 좁은 골목에 다닥다닥 붙은 건물들의 색을 통일하니 정돈된 느낌이다.

몬샤우라는 이름이 처음으로 지어진 것은 1198년이라고 하니 도시는 훨씬 전부터 있었겠지만, 그때부터 기록된 역사만 보더라도 이 동네 집들이 얼마나 오래되었는지 알 수 있다. 과거에는 16세기부터 발달한 섬유산업이 꽃핀 산업도시로 알려졌던 곳이다. 시내 중심 광장에는 직물 일을 하는 사람들의 모습을 담아낸 조형물이 있어 이 도시를 찾아오는 관광객들에게 역사를 전해 주고 있다.

중세의 집들이 그대로 남아 있는 몬샤우 계곡

폐광을 유럽 문화 중심으로 부활시킨 루르

독일 여행에서 시선을 가장 크게 고정시키는 부분은, 보존하기 위해 많은 정성과 노력을 쏟아부은 옛 건물들이다. 세련된 외양을 갖추었든 허름하든 상관없다. 독일인은 붕괴의 위험이 없는 한, 겉모습이 아니라 그 건물이 간직하고 있는 역사에 더 큰 의미를 부여한다.

보잘것없고 허름해 보이는 서민의 집은 물론이고, 낡은 공장이나 역사, 심지어는 반세기 전 석탄가루 흔적이 선연한 시커먼 굴뚝들을 여전히 볼 수 있는 나라가 또 독일이다.

실내만 개조해서 박물관과 전시 공간으로 활용되고 있는 에센의 폐광

이런 허름한 건물들도 사람들의 관심 밖에 버려져 있는 것이 아니다. 겉은 여전히 낡고 칙칙하지만 내면은 현대적이고 새로운 문화 공간으로 거듭나, 지역 문화의 메카 역할을 하며 요긴하게 활용되고 있는 곳이 많다.

그런 모습을 간직한 독일 도시 중에서도 가장 인상적인 곳이 루르(Ruhr) 지방이다. 1960~1970년대 '라인 강의 기적'을 이룬 독일 산업의 중심지가 바로 루르 지역이었다. 라인 강의 지류인 루르 강의 이름을 딴 루르는 무연탄과 철광석을 보유한 세계적인 광산이 많은 곳으로도 유명했다. 보훔(Bochum), 도르트문트(Dortmund), 뒤스부르크(Duisburg), 에센(Essen) 등 루르를 대표하는 도시들은 산업혁명 시대부터 현대에 이르기까지 탄광으로 인해 막강한 경제적 부를 누려 왔다. 그러나 과거 140여 개 광산에 50만여 명 탄광 노동자가 종사했던 이 지역은 오는 2018년에 마지막 탄광이 문을 닫으면 탄광지로서의 명운에 종지부를 찍는다.

이 루르 지역이 지난 '2010 유럽 문화 중심 도시'로 선정되었다. 시커먼 연기와 석탄가루로 뒤덮인 탄광촌이 유럽 문화의 중심 도시가 된다는 소리를 들었을 때 가장 먼저 떠오르는 그림은 우중충한 옛 빛깔에서 벗어나는 과정이었다. 당연히 도시를 말끔하게 단장하느라 여기저기 허름한 공장과 광산 부속 건물들이 헐리고 최첨단 문화시설이 들어설 것이라고 기대했다. 그러나 그런 기대는 완전히 빗나갔다. 루르 지역의 탄광과 공장 들은 철거되지 않았다.

13년 전 독일에 와서 얼마 되지 않았을 때, 에센 대학에서 어학 시

광부들의 사진과 함께 루르 지역 탄광의 역사를 보여주는 폐광 외부 전경

험을 보았다. 그때 처음 본 에센이라는 도시의 분위기는 전체적으로 칙칙한 잿빛이었다. 아름다운 관광지가 곳곳에 위치하고 있는 바이에른이나 깔끔한 북독일의 휴양지 같은 상쾌함은 찾아볼 수 없었다. 그 후 루르는 '2010 유럽 문화 중심 도시'가 될 만큼 긴 시간이 흘렀다. 얼마나 변했을까. 우울한 탄광의 흔적들은 얼마나 사라졌을까.

기대 속에 찾아 본 에센은 13년 전 그대로의 모습이었다. 변한 것이 있다면 그때보다 울창하게 자란 나무가 허름한 공장 건물들을 많이 감추고 있어 약간의 청량감이 더해진 것밖에는.

어디를 봐도 무엇을 보고 유럽 문화 중심 도시로 지정한 것인지 이해할 수 없었다. 그러나 단 하루만이라도 그 잿빛 도시 사이사이에 숨 쉬고 있는 문화와 예술을 만나 본다면 바로 알 수 있을 것이다. 이 지역이 문화 도시로 다시 태어나는 것은, 겉모습을 그럴듯하게 단장한다는 의미가 아니라, 겉모습은 그대로 남겨 두고 그 안에서 문화를 꽃피우는 작업이라는 것을.

이러한 루르의 문화 운동이 성공을 거두어 해를 거듭하면서 이 지역을 찾아오는 방문객이 증가했고 지금은 벌어들이는 관광 수입만도 적지 않다고 한다.

몇 년 전 한국을 방문했을 때, 10년 만에 흔적도 찾아볼 수 없을 정도로 변해버린 광화문을 보며 깜짝 놀랐다. 또 앞면만 남기고 이미 모두 허물어버린, 공사 중인 시청을 보며 더 놀랐다. 어떻게 시장 한 사람이 바뀌었다고 온 도시가 그토록 달라질 수 있는 것일까?

가난할 때야 모든 것이 불완전했기에 그랬다지만, 지금 시대가 어느 시대인데 아직도 몇몇 정치인의 생각만으로 한국을 대표하는 도시를 통째로 바꾸려는 발상 자체가, 또 그러한 일들이 실제로 진행되고 있다는 사실이 어이가 없었다.

우리는 약간이라도 불편하거나 보기 싫으면 싹 쓸어버리고 다시 짓는 일을 너무 쉽게 생각한다. 가난의 잔재를 지워버리고 싶었던 구시대적 발상이 오늘날까지도 사람들의 판단력을 흐리고 있는 것이다.

노란 은행잎이 수북하게 쌓여 있는 광화문을 상상하며 달려갔던 오후, 최신식 디자인으로 멋을 낸 반듯반듯한 돌길 위에 사람들이 바쁜 걸음을 재촉하고 있었다. 그래도 무엇인가 추억을 찾고 싶어 옛날에 자주 드나들던 교보빌딩 뒤 먹자골목을 찾았다. 일을 마치고 동료들과 함께 소주 한잔 기울이기 좋았던 '열차집' 빈대떡도 먹고 싶고, 값은 허름했지만 정갈하고 간소한 상차림에 해물 된장찌개와 어울렸던 부추 비빔밥이 생각나기도 했다.

그러나 북적거리던 좁은 골목길은 사라지고 없었다. 새로운 건물이 들어서기도 했고 주변은 말끔히 정돈되어 있었다. 그래도 어딘가에 있을지도 모른다는 미련이 남아 한동안은 골목이 있던 자리를 서성였지만, 너무 많이 변해버려 어디가 어딘지 분간도 할 수 없기에 발걸음을 돌릴 수밖에 없었다.

서울을 다녀왔다는 독일인에게 "서울은 온통 새것밖에 없는 것 같았다"라는 말을 들었다. 한국과 독일 시가지의 차이를 가장 정확하게 나타낸 표현이다. 여행도 사람의 취향에 따라 다르지만, 한국을 찾은 독일인들은 분명 오랜 역사를 자랑하는 도시 서울에서 그 흔적들을 기대했을 것이다.

110년 된 기차가 떠다니는 부퍼탈

부퍼탈(Wuppertal)은 자연과 건물이 조화를 이룬 전형적인 독일 도시들과는 느낌이 달랐다. 보기에 따라서는 흉물스럽기까지 한 슈베베반(Schwebebahn)의 육중하고 둔탁한 철근 골조가 부퍼 강을 따라 도시 절반의 하늘을 갈라놓았다.

도시계획이 아직 끝나지 않았을 것 같은 도시. 그렇게 부퍼탈은

부퍼 강 위를 떠다니는 슈베베반으로 유명한 부퍼탈

100년이 넘는 세월을 지내 왔다. 공중을 떠다니는 슈베베반이 달리기 시작한 것은 100년이 넘었다.

19세기 후반 이 지역 도시인 바르멘(Barmen)과 엘버펠트(Elberfeld)는 산업혁명 후 늘어난 인구로 대중교통 시설의 필요성이 절실해졌다. 이에 1887년 쾰른 출신 엔지니어 오이겐 랑엔의 설계로 슈베베반 건설 프로젝트가 본격적으로 가동되기 시작했다.

그후 1898년 첫 시운전이 시작된 후 슈베베반은 부퍼탈 시민들의 발이 되어 지금까지 활발하게 가동되고 있다. 그 후 두 번의 세계대전으로 많은 구간이 파괴되었으나 1946년, 새롭게 건설되어 오늘에 이르렀다.

1900년, 부퍼탈 엘버펠트 슈베베반 공사 현장

　슈베벤반이 세계적으로 유명해지기 시작한 것은 뜻하지 않게도 한 아기 코끼리 때문이었다. 이름은 투피(Tuffi). 1950년, 투피는 서커스 공연을 위해 장소를 이동하던 중 슈베베반에 타게 되었다. 기차 안이 그의 덩치에 맞지 않아 비좁게 느껴졌는지, 아니면 공중에 떠서 달리는 차가 놀라웠는지 슈베베반이 출발하고 잠시 후 투피는 부퍼 강으로 뛰어내렸다. 달리는 기차에서 뛰어내렸으니 처참한 광경이 벌어진 것이 당연했으나 기적이 일어났다. 부퍼 강에 떨어진 투피는 엉덩이에 진흙을 잔뜩 묻히고는 아무렇지도 않게 일어나 걸어 나왔다고 한다. 이 사건이 해외 토픽으로 세계 곳곳에 알려지면서 투피는 일약 스타가 되었고 부퍼강 위를 달리는 슈베베반도 덩달아 세계적으로 명성을 얻게 되었다.

어느 해 여름, 슈베베반을 타고 하루 종일 도시 여행을 했다. 부퍼 계곡을 감싸는 완만한 언덕을 따라 마을이 형성된 부퍼탈. 인구 35만의 부퍼탈은 19세기에 건설된 슈베베반이 지금도 대중교통으로 이용되고 있는 도시다. 이 기차를 타기 위해 타지에서 찾아오는 관광객도 적지 않으며, 부퍼탈 시민들에게는 버스보다 더 소중한 존재다. 하루 8만 5000명이 슈베베반을 이용해 통학과 통근을 할 만큼 중요한 교통수단이다.

특히 여행객들에게 이보다 편한 교통편은 없는 것 같다. 배차 간격이 5분 이내이기 때문에 기다리는 시간도 길지 않아 가까운 거리를 이동하는 데는 전혀 불편함이 없다. 보통 독일 도시에는 중앙역 부근에 여행객을 위한 도시 순회 버스가 기다리고 있다. 약간의 차비를 내면 한 시간가량 버스를 타고 그 도시의 중요한 관광지를 둘러볼 수 있다. 그런데 부퍼탈에서는 순회 버스를 이용하지 않아도 슈베베반으로 중요한 관광지는 대부분 찾아갈 수 있다.

중앙역에서 바로 슈베베반으로 갈아타고 마음에 드는 정류장에 내리면 여지없이 볼거리가 기다린다. 모두 역에서 걸어서 10분 거리 이내에 위치하고 있으니 힘들지 않게 닿을 수 있다.

1900년 10월 24일, 카이저 빌헬름 2세는 아우구스타 빅토리아 왕비와 슈베베반에 시승한다. 당시 열차는 카이저를 위해 화려한 단장을 했다. 황금색 창틀 장식과 기차의 외관을 윤기가 더하도록 덧칠했다. 창가에는 노스탈자(복고풍 디자인) 등을 밝히고 플러시 천을 씌운 고급스러운 의자와 탁자를 두는 등 카이저의 권위를 과시하는 데 손색이 없도록 꾸며졌다. 빌헬름 2세는 이날 자신을 위해 특별히 제작된 슈베베반을 타고 열광하는 백성들을 향해 유유히 손을 흔들어 주었다.

　이때 제작된 슈베베반의 번호는 5번. 1900년에 만들어졌으니 지금부터 꼭 110년 전이다. 지금까지 남아 있다면 당연히 박물관에 모셔져 있어야 할 것 같은데 놀랍게도 그 기차는 지금도 달리고 있다. 매주 수요일 오후 3시와 금요일 7시, 일주일에 두 번 관광객을 위해 특별 운행을 한다.

　카이저의 슈베베반을 타는 승객은 누구나 독일 전통 의상을 입은 안내원이 따라 주는 커피와 케이크를 먹으며 110년 전 카이저가 앉았던 자리에서 우아한 시간을 보낼 수 있다. 특히 금요일 저녁엔 부퍼탈의 밤을 원 없이 감상할 수 있다.

　슈베베반을 타고 부퍼탈 여기저기를 돌아다니다 보면 독일 산업화의 역사가 대단해 보이기도 하지만, 더 신기한 것은 100년이란 세월 동안 그 많은 정치인들과 이윤에 밝은 기업가들이 도시의 외관을 어수선하고 칙칙하게 만드는 슈베베반 철로를 걷어내버리지 않았다는 사실이다. 그 덕에 지금은 세계적인 명물이 되어 찾아오는 관광객만도 그 수를 헤아릴 수 없을 정도가 된 것이다. 그 오랜 세월 외관보다는 실리를 지켜 온 이 사람들의 실용 정신은 언제나 대단해 보인다.

부퍼탈 중앙역에 내려 도보로 10분 정도만 가면 커다란 광장과 시청 건물이 있다. 빌리브란트 광장과 프리드리히 거리 사이에 위치한 노이마크트 10번지. 한눈에 보아도 오래된 건물이다.

시청은 1900년 10월 24일 카이저 빌헬름 2세에 의해 문을 열면서 업무를 시작한 후, 올해로 꼭 110년이 되었다. 석탄 연기에 그을린 외벽은 도시의 명도를 떨어뜨리고 있다.

시청의 육중한 철문을 열고 들어가 몇 계단 올라가면 바로 안내 창구가 나온다. 그 안내 창구 앞에서 두 번 놀랐다. 처음에는 내관 때문이었다. 오른쪽을 보니 중세 고딕의 건축양식을 그대로 보여 주는 아치형 나무 들보가 드러난 감격스러운 실내의 장관이 나타났다. 그곳이 하루에도 수많은 사람들이 이용하는 시청 건물이었다. 오랜 세월 동안 쉬지 않고 시민들이 들락거렸는데도 어쩌면 그리 깨끗하고 탄탄하게 버티고 있는 것인지.

시청의 아치형 들보에 매료되어 정신을 못 차리다가 오른쪽을 보면 더 신기한 물건이 있다. 파턴오스터 엘리베이터. 파턴오스터를 익숙하게 타는 부퍼탈 사람들을 보자 처음엔 웃음이 터져 나왔다. '아니, 이런 엘리베이터가 박물관이 아니라 시청 건물에서 실제로 이용되고 있다니'.

파턴오스터는 사람이 타지 않을 때도 멈추지 않는다. 양쪽으로 올라가는 칸과 내려가는 칸이 나뉘어 있고 문은 없다. 멈추지 않고 천천히 계속 올라가고 내려오는 엘리베이터에 신속하게 올라타거나 거기서 내

1900년 카이저 빌헬름 2세 때 문을 연 부퍼탈 시청

려야 한다. 승하차 순간을 놓쳐 머뭇거리다가는 위험해질 수도 있다.

그런 역사적인 엘리베이터를 그냥 지나칠 수 없어 여러 번 오르락내리락하며 어린아이처럼 호기심 어린 눈으로 연신 셔터를 눌러 대니, 부퍼탈 사람들은 오히려 이런 내 모습이 더 우스운 듯했다. 이런 희귀한 엘리베이터를 아무도 특별하게 생각하지 않고 익숙하게 이용하고 있다는 사실이 더 신기했다. 처음엔 껑쭝 뛰어서 무사히 올라가기는 했는데, 내릴 때 적절한 순간을 놓치는 바람에 너무 높이 올라간 데서 뛰어내리다가 넘어질 뻔해 진땀을 흘리기도 했다.

최초의 파턴오스터는 1876년 영국의 런던에서 소포를 운반하기 위해 만들어졌다가 1883년부터 본격적으로 사람이 탈 수 있는 엘리베이

100년 전에 설치된 부퍼탈 시청의 파턴오스터 엘리베이터는 오늘날까지 애용되고 있다

터로 발전했다. 독일에서는 1885년 함부르크에서 처음으로 설치되었다고 한다. 건물도 건물이지만 기계가 100년이 넘게 멀쩡하게 돌아가고 있다는 사실이 믿기지 않았다.

엥겔스의 생가에서

부퍼탈 중앙역에서 슈베베반으로 갈아타고 다섯 정거장만 가면 아들러부뤼케 역에 도착한다. 역에서 몇 분만 걷다 보면 부퍼탈 시민들의 문화 수준을 자랑이라도 하듯 거대한 오페라하우스가 나타난다.

관광객들은 보통 역에서 가장 쉽게 찾아갈 수 있는 오페라하우스를 향해 첫 발걸음을 옮긴다. 그러다가 오페라하우스보다 더 역사 깊고 의미 있는 엥겔스의 집을 지나쳐버리기 십상이다. 오페라하우스 앞에서 다시 역 쪽으로 방향을 돌리는 순간 초록색 덧문이 양쪽으로 날개를 드리운 창들이 보이는 예쁜 집이 두 채 나타난다. 이곳이 바로 유명한 사회주의자이며 최초의 마르크스주의자, 마르크스(Karl Heinrich Marx, 1818~1883)의 저서 『자본론』을 완성시킨 프리드리히 엥겔스(Friedrich Engels, 1820~1895)의 생가다.

1820년, 섬유회사 기업주의 아들로 태어난 엥겔스는 가업을 잇기 위해 일찌감치 직업전선에서 실무자 공부를 하고 있었다. 만일 마르크스를 만나지 않았다면 그는 그저 부유한 기업 후계자이면서 평론이나 시를 끼적이는 평범한 문학청년의 삶을 살았을지도 모른다.

예쁜 초록색 덧문이 눈에 띄는 엥겔스의 생가

당시 유럽은 산업혁명 후 기계화의 소용돌이 속에서 노동자의 삶이 점점 피폐해져 가고 있었다. 저임금과 열악한 노동 환경, 갈수록 극심해지는 빈부의 격차는 사람들로 하여금 변화를 갈망하게 했다. 엥겔스는 고용주의 입장이었지만 노동자의 삶에 관심을 갖기 시작했다. 그러다가 생각이 비슷한 마르크스를 만나 평생의 동지가 되었다. 엥겔스는 경제적인 면에서도 마르크스의 저술 활동에 든든한 후원자였다고 한다.

"하나의 유령이 유럽을 배회하고 있다. 공산주의라는 유령이, 구유럽의 모든 세력들, 즉 교황과 차르, 메테르니히와 기조, 프랑스의 급진파와 독일의 경찰이 이 유령을 사냥하려고 신성 동맹을 맺었다. (중략)

현재는 박물관으로 사용되는 엥겔스 생가에 전시된 엥겔스 유품

지배 계급들로 하여금 공산주의 혁명 앞에서 벌벌 떨게 하라. 프롤레타리아가 혁명에서 잃을 것이라고는 쇠사슬뿐이요, 얻을 것은 세계 전체다. 전 세계의 프롤레타리아여, 단결하라!"(『공산당 선언』 중에서)

 29세의 마르크스와 27세의 엥겔스, 젊은 두 청년이 쓴 선언문이라고는 믿어지지 않는 공산당 선언, 지금도 이 글을 읽는 젊은이라면 누구나 가슴이 뛸 것이다. 혁명적 기운이 넘치는 문장의 파워를 떠나서도 이 글은 의미를 갖는다. 자신의 출신 성분을 타파하자고 목청을 높인 두 청년의 외침이었기 때문이다. 부르주아 출신의 마르크스와 엥겔스에게 어떻게 이런 사상적 공감대가 형성될 수 있었는지. 프롤레타리아에게는 처단해야 할 숙적이지만, 그럼에도 스스로가 부르주아

부퍼탈 시민들에게 결혼식장으로 빌려주기도 하는 엥겔스 생가의 거실

로 태어났다면 원죄 의식 속에서도 안일과 권력과 부를 지키고 싶은 것이 인간의 당연한 본능일진대 말이다.

비록 실패한 혁명이라고 해도 '시대의 양심을 대변했던 외침', 그 자체만으로 우리에게 던져 주는 메시지는 어마어마하다. 과연 이 시대에 그런 길을 가고 있는 혁명가가 몇이나 있는지 생각해 본다면 그들의 위대함 앞에 절로 고개가 숙여진다. 또 그들이 우려한 자본주의의 모순이 현재도 역시 진행형이기에 더욱 의미심장하다.

마르크스는 살아생전 궁핍하고 파란 많은 인생을 살았지만, 엥겔스는 부모에게 물려받은 가업을 바탕으로 든든한 재력을 소유하고 있었다. 지난한 혁명의 물결에 발을 담지 않아도 누릴 수 있는 것들이 많았던 사람이다.

엥겔스의 생가를 둘러보면 그가 부유한 환경에서 자랐다는 말을 실감하게 된다. 1775년 엥겔스의 할아버지에 의해 지어졌다는 이 집은 현재 엥겔스의 유품과 집 안 장식물들을 전시하는 박물관으로 남아 있다. 다행히 전쟁 때 소실되지 않아 지금도 형태를 그대로 보존하고 있다. 한 채는 박물관으로 쓰이고 있지만 다른 한 채는 개인이 소유하고 있다고 한다.

지은 지 230년이 넘은 집이라고는 믿어지지 않을 만큼 깨끗하고 완벽한 부호의 살림집이었다. 생가 거실은 지금도 일반인들의 결혼식장으로 대관된다.

결혼식장으로 쓰기에는 충분해 보이지 않는 크기였지만, 이곳에서 결혼하는 사람들은 엥겔스가 살았던 거실에서 결혼한다는 사실만으로도 큰 영광으로 생각한다고 한다. 이제 막 새롭게 가정을 이루는 신랑과 신부는 엥겔스가 사용하던 230년이 넘은 탁자 앞에서, 230년이 넘은 의자에 앉아, 230년이 더 된 피아노 반주를 들으며 사랑의 서약을 한다.

결혼식을 마친 후에는 아름다운 생가 정원에서 샴페인을 터뜨린다. 지금은 시유지로 변해버린 집 앞의 넓은 공원이 과거에는 이 집에 속한 정원이었다. 이 정원의 한쪽 구석에 엥겔스가 실제로 태어난 본채가 있던 자리에는 유적비가 세워져 있다. 전쟁 때 집은 허물어지고 지금은 터만 남아 있는 것이다.

계곡에 걸린 40개의 성, 오버레스미텔라인

프랑스에서 출발한 모젤(Moselle) 강은 로렌 평원을 지나 룩셈부르크와 독일을 나누고 코블렌츠(Koblenz)에서 라인 강을 만난다. 긴 여행을 끝낸 모젤은 라인 강에 그의 남은 기력을 맡기며 유유히 사라진다. 모젤 강을 삼킨 라인 강은 기세도 당당하게 산맥을 가르더니 깊은 계곡 속으로 숨어들어 기묘한 자태를 드러낸다. 그 아름다운 계곡을 독일인들은 오버레스미텔라인(Oberes Mittelrhein)이라고 부른다.

크고 웅장한 계곡은 천혜의 자연이 가져다준 세계적 유산, 18세기 말에서 19세기로 이어진 아름다운 라인로만틱 문화의 정수를 보여 주는 곳이기도 하다. 오버레스미텔라인의 이채로운 아름다움은 유네스코가 인정했다. 한 지역이나 건물이 아닌 옛 로마 역사의 흔적이 남아 있는 도시 코블렌츠부터 빙엔(Bingen)과 뤼데스하임(Rüdesheim)까지 장장 65km 구간이 지난 2002년 유네스코 세계문화유산 도시들로 지정되었다. 그동안 이 계곡을 소재로 탄생한 수많은 독일 예술과 음악과 문학은 지금까지 세계인의 심금을 울리고 있다.

9번과 42번 국도를 따라 코블렌츠에서 빙엔까지 65km 구간을 달렸다. 고속도로를 두고 국도를 선택한 것은 계곡을 끼고 도는 길이 드라이브하기에 가장 좋은 곳으로 명성이 높기 때문이다. 계곡을 따라가면 40여 개의 아름다운 성들이 산 중턱에 예술 작품처럼 걸려 있다. 강을 따라 한 구비를 지날 때마다 성이 보일 정도니 얼마나 복잡한 역사적 사건들이 얽혀 있을지 짐작이 간다.

오버레스미텔라인 계곡에서 바라본 아름다운 성

9세기에 지어져 코블렌츠에서 가장 오래된 교회 바질리카 성 카스트로

 이 계곡의 성들은 전략적 요새로 수많은 왕과 귀족 들의 부의 상징이었다. 65km란 길지 않은 구간에 이토록 많은 성이 건축된 것은 황제의 세력이 약화되고 영주와 제후 들이 힘을 얻었기 때문이었다.

 12세기 독일 지역에서는 왕의 세력이 미약해지면서 도시들의 동맹이 강화되고 제후와 한자동맹이 계속 세력을 확장시켜 나갔다. 그리고 그에 따라 황제의 입지는 점점 축소되어 갔다. 결국 비스마르크에 의해 통일이 되기까지 300여 개의 영주와 제후의 나라들이 난립하며 수많은 성이 건축된 것이다.

1568년 건축된 빙엔 시의 아름다운 알테스 하우스

 이 성들은 라인 강을 지나는 무역선들에게 관세를 징수해서 큰 수익을 내기도 했다. 프랑스와의 30년 전쟁으로 수많은 성들이 파괴된 후, 복구하거나 무너진 성터를 그대로 보존해 그날의 전운을 생생하게 전해 주고 있는 곳도 있다.
 8월의 라인 계곡은 포도에 단물이 고이는 계절이다. 가파른 계곡에 자를 대고 금을 그은 듯 질서 정연하게 포도나무가 자라고 있다. 라인 강변 계곡에 포도를 심고 와인을 생산했던 사람들은 그 옛날 로마인들이었다. 그러나 실제로 포도 재배가 활발해지기 시작한 것은 이 강

오버레스미텔라인 계곡의 가파른 언덕을 타고 성까지 이어진 포도밭

변에 수많은 성이 지어졌던 11세기에서 14세기 사이였다.

　중세 때는 와인 생산이 생계를 위해 없어서는 안 될 중요한 수입원이었기 때문에 많은 사람들이 포도 농사와 와인 생산에 종사하기도 했다. 계곡으로 둘러싸인 비탈은 바람이 힘을 잃어 사시사철 고요하고 토양이며 일조량이 포도 재배에 적합한 조건을 갖추고 있어 일대는 그 옛날부터 포도 재배가 성행했다.

　또한 30도나 되는 계곡의 경사는 일조량을 높이기에 안성맞춤이다. 이곳에서 생산된 고급 와인은 라인 강을 이용해 팔려 나가는 중요한 무역상품이다.

천재 음악가의 누추한 생가 베토벤 하우스

　천재적인 음악가 루트비히 반 베토벤이 태어난 도시 본(Boon). 어느 해 봄, 베토벤의 생가인 박물관과 라인 강변에 자리한 웅장한 베토벤 공연장 주변을 둘러보기 위해 본을 찾았다.

　1770년 12월 베토벤은 본가세 20번지에서 태어났다. 1889년부터 박물관으로 사용되고 있는 생가는 세계적으로 가장 많은 베토벤의 작품 및 유품 들을 보관하고 있는 곳이다. 박물관 전시실에는 그가 본과 빈에서 생활하면서 남긴 유품이 150여 점 이상 일목요연하게 전시되어 있다. 그러나 그의 생가는 세계적인 음악가의 생가라고 느껴지지 않을 만큼 그 시절의 누추함이 그대로 남아 있었다. 본 시내에 위치한

1889년부터 박물관으로 사용하고 있는 베토벤의 생가에는 가장 많은 베토벤 유품이 보관되어 있다

 박물관은 집 앞을 지나는 사람에게조차 눈에 띄지 않아 바로 옆에서도 발견하지 못하고 한참을 찾아 헤맸다. 집 안에 들어서니 올해로 240세가 된 베토벤의 나이만큼 허름한 보통의 독일 주택이었다. 나무로 된 좁은 층계와 바닥은 움직일 때 삐걱거려 걸음을 옮길 때마다 불안하기까지 했다.
 베토벤의 가톨릭 유아세례 축하 파티가 벌어진 곳으로 유명해졌으며 이웃집이었던 박물관 뒤쪽의 건물에는 2004년부터 디지털 박물관이 설치되어 있다. 최첨단 기술을 갖춘 디지털 박물관에서는 멀티미디어를 이용하여 그의 생애와 작품을 보여 주고, 3D 가상공간으로 이루어진 영상예술관에서는 현대적으로 새롭게 해석한 베토벤의 오페라가 상영되고 있다.

베토벤이 태어난 후 그의 가족은 이 집에서 수년간 더 거주하다가 최소한 세 번 이상을 이사하면서 본 시내 여러 곳을 전전했다고 한다. 박물관 앞쪽은 19세기에 술집이었으나, 1889년 앞집과 뒷집을 통째로 철거한다는 소식을 들은 12명의 본 시민들이 베토벤 하우스 보존협회를 설립하고 건물들을 사들여 두 집을 연결하고 박물관으로 개조했다. 이 박물관은 오늘날까지도 베토벤 하우스 보존협회의 소유다.

베토벤의 할아버지인 루트비히(1712~1773)는 쾰른 선제후에 소속된 궁정악단의 지휘자로 당시 사람들에게 존경받았던 인물이었다. 역시 음악가였던 베토벤의 아버지인 요한은 자신의 재능 있는 아들을 모차르트와 같은 신동으로 청중에게 소개하려고 1778년의 쾰른 음악회에서 당시 여덟 살이던 아들을 여섯 살로 속여서 소개했다고 한다. 아버지의 넘치는 교육열을 가히 짐작할 수 있는 부분이다.

베토벤은 12세이던 1782년에 이미 오르간 부주자가 되었고, 1784년에는 정규 오르간 연주자, 그다음에는 비올라 연주자 및 궁정악단의 부지휘자였다. 이러한 음악 활동으로 벌어들이는 수입은 가족의 생활비에 충당되었고, 특히 어머니의 별세(1787) 이후에는 전적으로 생계를 책임지는 가난한 음악가의 생활을 영위했다.

1792년 그의 나이 22세 때 요제프 하이든에게 작곡 수업을 받기 위해 오스트리아 빈으로 유학을 떠난다. 베토벤은 작곡 수업이 끝난 후 본으로 돌아와 선제후의 궁정 음악가가 될 예정이었지만, 1794년 나

봄이 되면 벼룩시장은 활기를 띤다

폴레옹이 라인란트를 점령하고 본의 선제후 국가가 패망하면서 고향인 본으로는 영원히 돌아올 수 없게 되었다.

베토벤 생가를 돌아보고 이곳저곳 돌아다니던 중, 마침 토요일이라 독일에서 크기로 유명한 벼룩시장을 구경할 수 있었다. 이 벼룩시장을 보너 라인아우엔 플로마크트(Bonner Rheinauenflohmarkt)라고 한다.

날씨가 좋은 4월부터 10월까지 매월 셋째 주 토요일에 열리는 이 벼룩시장은 라인 강변의 라인아우엔 공원에서 열린다. 독일에 봄이 오면 벼룩시장도 활기를 되찾기 시작한다. 벼룩시장엔 사람이 사는 데 필요한 물건이라면 없는 것이 없다.

가난한 사람들에게는 좋은 물건을 값싸게 사서 돈을 절약할 수 있는 가장 좋은 생필품 시장이고, 조금 여유 있는 수집가들에게는 원하는 물건을 찾아낼 수 있는 보물섬이다. 또 집 안에 쌓여 있던 버릴 것들을 들고 나와 얼마간의 목돈을 마련할 수 있는 곳이기도 하다. 부족한 휴가비를 충당하기 위해서인지 여름휴가 시즌이 임박하면 특히 많은 사람들이 벼룩시장에 나온다.

자전거의 도시 뮌스터

처음 독일에 와서 뮌스터(Münster)에 사는 동안 우리 가족의 유일한 교통수단은 자전거였다. 아무리 현대 문명의 꽃은 자동차라 하지만 그곳에서는 자동차 없이도 충분히 살 수 있겠다는 생각이 들었다. 우선 오르막과 내리막이 거의 없는 지리적인 조건이 자전거를 타기에 안성맞춤이다. 어디를 가나 도로 양옆은 세계에서 가장 잘 되어 있다는 자전거 전용도로가 차지하고 있다.

우리뿐만 아니라 이 도시에 사는 대다수 사람들은 비가 오나 눈이 오나 자전거를 타고 출퇴근을 하거나 통학을 한다. 이들은 자신들의 자전거 문화에 큰 자부심을 가지고 있을 뿐만 아니라, 자동차는 먼 길을 떠날 때나 사용하는 교통수단쯤으로 생각한다.

환경을 위해 이보다 좋은 대안이 또 있을까 생각하며, 남편과 나도 자전거로 통학하는 일을 즐겼다. 아니, 그곳에 살다 보면 환경까지 들먹일 필요도 없이 당연히 그렇게 하게 된다. 모든 사람들이 타기 때문

독일 북부는 평지로 이어져 있어 북쪽으로 갈수록 자전거 인구도 많아진다

에 거기에 우리가 함께 동참하는 것은 아주 자연스러운 일이었다. 어른만이 아니라 유치원에 가는 꼬마들까지 모두 아침이면 엄마와 함께 자전거에 노란 기를 달고 달린다. 노란색은 '여기 어린이가 가고 있어요. 조심해 주세요'란 표시다. 어른들은 깃발을 펄럭이며 꼬불꼬불 달려오는 꼬마들을 보면 재빨리 길을 비켜 준다.

자전거와 자동차가 함께 다니는 도로에서는 손을 들어 자신이 갈 방향을 뒤차에게 표시하면 자동차는 알아서 속도를 줄이거나 정지하고 기다린다. 누군가 나서서 정리하지 않아도, 자전거 질서는 이 도시에서 익숙하게 지켜지고 있다.

2년이란 세월을 그렇게 살다 보니 수리를 위해 늘어난 용품과 공구도 너무 많아져 수리점 하나 정도는 충분히 차릴 수도 있을 것 같았다. 남편은 거의 전문가 수준의 수리공이 되었다. 자전거를 고칠 때마다 "내가 여기 공부하러 온 거야, 자전거 수리하러 온 거야!"라며 우스갯소리를 하곤 했다.

뮌스터 사람들에게 없어서는 안 될 자전거. 보통 한 가정에 가족 수만큼 가지고 있지만 자전거 수리점은 흔치 않다. 인건비가 비싸서인지 독일인들은 웬만한 고장 정도는 자신이 스스로 해결하기 때문이다. 그러니 남자들은 누구든 숙련된 기술자로 보일 정도로 익숙하게 공구를 다룬다. 돈 때문이기도 하지만 사실은 그런 여유를 즐긴다는 쪽이 더 정확한 것 같다.

어학연수를 받으러 학교에 다니는 동안, 거의 한 시간이 넘는 거리를 매일 아침저녁 아이를 뒤에 태우고 달렸다. 평지라고는 하지만 가

북부 도시에서 흔히 볼수 있는 자전거 보관소

다 보면 구름다리도 나타나고 약간 경사진 곳도 있어 쉬운 것만은 아니었다. 하지만 그 한 시간이 우리 아이와 내게는 정말 소중한 순간이었다. 우리는 잠시도 쉬지 않고 떠들었다.

들에 보이는 풀들에 대해 설명을 하다 보면, 자연히 생태계 이야기까지 나오기도 한다. 왜 우리는 한국에서 자동차를 타다가 이곳에서는 자전거만 타게 되었는지, 독일은 어떤 나라이기에 우리와 다른 눈동자와 다른 머리색을 한 사람들이 살고 있는지 등등. 세 살배기 아들은 엄마 등 뒤에 찰싹 달라붙어 무슨 궁금한 것이 그렇게 많은지 연신 질문을 해댔다. 그때의 2년만큼 아이와 많은 이야기를 나눈 적은 없었던 것 같다.

뮌스터에 살 때 우리 가족은 주말마다 자전거 하이킹을 떠나곤 했다. 처음엔 한 사람이 약간의 간식거리와 음료수를 싣고 다른 사람은 아이를 뒤에 태우고 다니다가, 아이가 자전거를 배우기 시작하면서 각자 타고 출발하기도 했다. 지도 한 장을 들고 여기저기 볼거리들을 찾아다니는 일이 흥미로웠다. 우리의 목적지는 대부분 멀리 보이는 숲이었다.

앞을 봐도 뒤를 봐도 평야밖에 보이지 않는 그곳에서는 아무리 페달을 밟아도 산이 나타나지 않는다. 다만 어느 순간 우리는 나무로 둘러싸인 숲 속을 달리곤 했다. 키가 큰 나무들이 빽빽하게 서 있는 숲을 멀리서 바라보면 마치 야산을 보는 듯하다. 나중에 알고 보니 독일 북부가 거의 그렇듯 뮌스터는 산이 없는 도시였다. 아무것도 없던 허허벌판에 계획적으로 나무를 심어 어마어마한 숲을 조성한 독일인들의 인내와 노력이 볼수록 놀라웠다. 지금 생각해 보면 주말마다 그 숲에서 피크닉을 하던 일이 우리 가족에게 가장 여유로운 한때였던 것 같다.

로만틱 가도를 따라 남독일로

남독일의 심장 뮌헨

눈, 알프스, 자동차, 사투리, 여유, 보수……. 남독일을 생각하면 떠오르는 단어들이다. 1200km 길이로 길게 누운 유럽 제일의 산, 알프스의 정취를 품고 일찍부터 최첨단 산업 기지로서의 풍모를 갖췄지만 전통 역시 고스란히 살아 있는 지역이다.

세계에서 자동차를 제일 좋아하는 사람들은 아마 독일인일 것이다. 애지중지하는 만큼 기름 치고, 조이고, 닦는 일에도 열심이다. 도로에 나가 보면 오래되었을지라도 외관이 허름하고 낡아 보이는 차는 거의 없다. 세차도 얼마나 열심히 하는지 지붕에 먼지 하나 앉을 틈 없이 보석처럼 윤을 내고 다닌다.

독일인들은 벤츠나 BMW 같은 성능 좋은 명품 차를 타고 아우토반을 원 없이 달릴 수 있다는 것에 자부심을 갖고 있다. 그 때문인지 세계에서 환경을 가장 걱정하면서도 자동차 회사들의 끊임없는 로비로 아우토반에서의 속도제한을 성사시키지 못하고 있는 나라이기도 하다.

명품 차보다 더 폼 나는 레이서는 잘 손질해서 훌륭하게 보관한 앤틱 차를 소유한 사람들이다. 가끔 탱크 소리가 나서 놀라 돌아보면 멋진 앤틱 차에 시동을 거는 소리다. 날씨 좋은 날 도로에 나가면 50~60년 된 오픈카도 종종 보인다. 일흔 살이 넘은 백발의 노신사가 반짝반짝 광을 낸 연식을 알 수 없는 오픈카를 타고 가면 '저 사람 부자'라는 소리다. 먹고 입는 것에서는 빈부의 차이를 그리 드러내지 않는 독일인이지만 차에서만큼은 다르다. 앤틱 차를 소유하고 있다는 것은 부

독일 사람들은 명품 차보다 잘 보관된 앤틱 차를 더 좋아한다

의 상징이다.

동네마다 그런 부자들이 자신의 차를 자랑하는 올드타이머 경연대회도 자주 있다. 행사를 시작하면 동네를 한 바퀴 돌면서 화려한 퍼레이드를 펼치고 구경꾼들을 위해 하루 종일 전시한다. 가장 훌륭한 앤틱 차로 선정된 차 주인에게는 시상도 한다. 그런데 참가하는 사람들의 행색을 보면 도저히 부자라는 것이 믿기지 않는데 모두 돈 많은 지역 유지들이라고 한다. 독일인들은 역시 옷차림새만으로는 있고 없고를 판가름하기 쉽지 않다.

독일 자동차의 고향 남독일은 서로는 바덴뷔르템베르크(Baden-Württemberg) 주, 동으로는 바이에른(Bayern) 주가 중심을 이룬다. 흔히 헤센 주나 남서부 라인란트팔츠(Rheinland-Pfalz) 주도 남독일에 포함시키지만, 남독일이라 하면 통상 이 두 주가 대표적이다.

바이에른의 주도 뮌헨(München)은 인구 135만 명이 살고 있는 독일에서 세 번째로 큰 도시다. 중심 광장인 마리엔플라츠(Marienplatz)에는 신구 시청 건물과 오래된 교회인 페터스 교회(Peterskirche)가 있다. 뮌헨 시내에는 1955년 성 야콥스 교회(St.-Jakobs-kirche)가 무너진 이후 로마네스크 양식의 건축물이 사라졌지만 고딕 시대의 건물들은 오늘날까지 곳곳에서 볼 수 있다.

페터스 교회 첨탑에 오르면 뮌헨 시가지 전경을 한눈에 볼 수 있다. 로마네스크 시대에 지어진 이 교회는 현재 외부는 고딕 양식으로, 내부는 바로크 양식으로 꾸며져 있다. 페터스 교회 첨탑에서 내려다 본 지붕 모양에서 이 도시 특유의 웅장한 조화를 느껴 볼 수 있다.

뮌헨은 12세기 수도사들에 의해 잘츠부르크(Salzburg)에서 이자(Isar) 강까지 시장이 개설되면서 구체적으로 도시의 면모를 갖추어 나가기 시작하다가 14세기 루트비히 4세에 의해 확장·발전했다. 그러나 이 도시를 가로지르는 이자 강은 도시가 발달하기 훨씬 전부터 알프스의 물건들을 이탈리아로 운반했던 물류 운송의 수로였다.

17세기에는 페스트로 인구의 3분의 1이 사망하는 재앙을 겪기도 했지만, 19세기에 접어들어 도시는 본격적으로 성장세를 맞았다. 이 지역은 20세기에는 독일 우익의 진원지가 되었고, 오늘날까지 보수당이 집권하고 있다.

뮌헨이란 도시를 생각하면 동시에 전혜린이란 작가가 떠오르는 것

뮌헨의 페터스 교회 첨탑에서 내려다 본 시가지 전경

은 내가 한국인이라는 증거인 것 같다. 이 도시를 다녀가는 한국 사람들은 대부분 전혜린을 이야기한다. 그리고 그녀의 수필집 『그리고 아무 말도 하지 않았다』의 주요 무대로 등장했던 슈바빙(Schwabing)을 둘러보고 간다.

그러나 짧게 다녀가는 여행객이 아닌, 이곳에 정착해 살고 있는 사람에게는 또 다른 기대가 있다. 중부 독일에 살고 있는 내게 뮌헨은 아름다운 알프스와 면해 있는 남쪽 나라, BMW와 지멘스(Siemens)의 본사가 있는 독일 산업의 심장, 부자들이 많이 사는 고장으로 다가온다. 진한 바이에른 사투리를 들을 때마다 왠지 모르게 한국의 전라도 지방이 생각난다. 고향을 사랑하고, 고향에 대한 자긍심 또한 둘째가라면 서러울 정도로 가슴 깊이 품고 있는 사람들.

남도인들의 공통된 특성인 것 같다. 지금 뮌헨의 어디에도 전혜린이 살았던 시대의 그림자는 남아 있지 않다. 그 시대의 문학에 스며 있는 보헤미안적 느낌의 뮌헨은 이제 없다. 햇볕 좋은 날이면 그때처럼 인도에 의자와 테이블을 내놓은 노천카페가 있고, 사람들은 여전히 그곳에 앉아 있다.

그러나 그곳엔 그녀의 책에 등장하는 검정색 스웨터와 골덴 바지를 입고 보들레르식 머리와 화가 수염을 한 청년도 없고, 프랑스 여배우 마리나 블라디식 올림머리를 한 소녀도 보이지 않는다. 그들이 주고받는 이야기 역시 시대정신과 저널리즘에 민감한 주제는 아닐 것이다. 커피를 홀짝거리며, 때론 커다란 글라스의 맥주를 시켜 놓고 토론하며 틈틈이 스마트폰을 확인하는 청년들의 모습에서 한 가지에 집중

뮌헨 시내 중심 거리에서 만난 거리의 화가

하기 어려운 디지털 시대를 새삼 확인한다.

  그러나 이 도시의 예술은 여전히 살아 있다. 잘 보존된 박물관 한편에 박제로 남아 있는 예술이나 검증받은 작가들의 아틀리에가 아니라, 길거리 여기저기서 쉽게 만날 수 있는 살아 있는 예술이다. 그림을 그리고 악기를 연주하며 눈과 귀를 즐겁게 해 준 그들에게 약간의 동전을 던져 주며 사례하면, 그것으로 나와 그들의 예술적 교감은 충분하다. 그 고품격의 거리를 걸을 수 있다는 것만으로도 축복임을 느낀다.

제대로 알아들을 수조차 없는 진한 바이에른 사투리에 무엇인지 모를 고집스러움이 가득한, 아니 고집스러움이라기보다는 자신감이 넘쳐 나는 사람들의 표정, 정치적으로 보수 우익의 본고장이자 경쟁이 살아 있는 교육으로 독일에서 가장 높은 피사(PISA) 성적을 자랑하는 학교들, 맥주 축제, 이자 강.

 그렇게 내 감성 속에 새롭게 들어와 앉은 뮌헨은 알프스 소녀의 요들송 음률처럼 밝고 건강하고 청명하다. 독일 중에서도 가장 독일다운 도시라고나 할까?

로만틱 가도에서 만난 독일인의 낭만

 20대 내 가슴에 스며든 전형적인 한국의 낭만을 지금도 잊을 수가 없다. 해가 뉘엿뉘엿 넘어가고 있는 초저녁 즈음, 덜컥덜컥 철컥철컥 완행열차의 흔들림에 몸을 맡기고 내다본 차창 밖 풍경은 언제나 정겨웠다. 아직 산 그림자 남아 있는 들녘엔 한낮의 바쁜 일손은 사라지고, 내일을 기다리며 소복이 쌓여 있는 일감들이 눈에 들어왔다. 멀리 보이는 산 중턱, 드문드문 보이는 농가에는 저녁을 알리는 연기가 모락모락 피어오르고 삽살개만이 내 세상 만난 듯 짖어 대며 뛰놀고 있었다.

 독일 여행길에 오를 때마다 나도 모르게 그런 풍경을 찾곤 한다. 너무도 익숙하고 정겨운, 그리운 그림들. 하지만 들도 그 들이 아니고, 산도 그 산이 아니다. 오밀조밀 들어선 작은 기와집들 뒤로 요것

뷔르츠부르크에서 퓌센까지 366km 구간에 있는 고도들을 연결하는 로만틱 가도, 독일인들에게 가장 사랑받는 휴양지다

조것 섞어 심은 텃밭 대신, 밋밋한 언덕 위에 끝없이 펼쳐진 밀밭과 감자밭만이 눈에 들어온다. 시원해서 좋기는 하지만 뭔가 채워지지 않은 목마름은 항상 존재한다.

　잠시 독일을 여행 삼아 다니가는 사람들에게는 여행의 들뜬 기분과 적당히 어우러진 이국의 정취가 색다른 감흥을 불러일으키겠지만, 이곳에 살고 있는 내게 독일 여행이란 잊혀 가는 익숙한 광경을 찾고 싶은 갈증과 아쉬움이 항상 공존한다. 내 마음 깊은 곳에 남아 있는 아련한 향수를 채워 줄 만한 정취는 이 나라 어디를 가도 없다.

　고국을 떠난 독일인에게 고향에 대한 낭만은 어떤 그림으로 떠오를까? 드넓은 초원에서 풀을 뜯는 젖소의 울음소리 속에 있을까? 웅장하고 예쁜 옛 건물 대들보에 새겨진 라틴어 문양 속에 있을까? 아니면 한여름 노천카페에서 해를 보고 앉아 마시는 시원한 흑맥주 거품 속에?

프랑크푸르트에서 남쪽으로 120km 정도 내려가면 뷔르츠부르크(Würzburg)가 있다. 그 도시를 따라 퓌센(Füssen)까지 남쪽으로 장장 366km의 아름다운 고도들을 연결해 주는 길이 로만틱 가도, 독일어로 로만티세 슈트라세다. 마인 강에서 시작해서 바이에른의 슈바벤(Schwaben)을 거쳐 북바이에른 지역에서 알프스 기슭까지 이어진 긴 길이다.

독일에서 가장 유명하고 사랑받는 휴양지인 이 길은 드라이브 코스로 더없이 좋기도 하지만 자전거 여행을 하는 사람들을 위해서도 460km의 자전거 길이 별도로 놓여 있다. 독일에서는 자전거 여행을 하는 사람들을 자주 볼 수 있다. 잠깐 하이킹을 나가는 것이 아니라 짐까지 자전거 뒤에 싣고 출발하는 용감한 사람들이 있는가 하면, 휴가철이면 자가용이나 캠핑카 뒤에 가족의 자전거를 모두 싣고 떠나는 여행객들도 흔히 볼 수 있다.

어느 해 여름, 남쪽에서 로만틱 가도를 따라 북으로 올라갔다. 아침을 먹고 알프스 산기슭에 터를 잡은 퓌센을 출발해서 도나우 강을 지나 2000년 역사를 안고 있는 아우크스부르크(Augsburg), 오래된 성벽이 감동으로 다가오는 딘켈스뷜(Dinkelsbühl), 뇌르틀링겐(Nördlingen), 란드스베르크(Landsberg), 바트 메르겐트하임(Bad Mergentheim), 중세도시의 모습이 그대로 남아 있는 로텐부르크(Rothenburg)를 지나 뷔르츠부르크에 도착하니 이미 저녁이었다.

들과 강과 산악 지대를 지나 굽이굽이 이어진 길을 따라 도시에 들어서면 어김없이 작은 마을이 동화를 들려주듯 예쁜 모습으로 반긴다. 하나도 바뀌지 않고 불편한 그대로, 촌스러운 그대로, 가난한 그대로 보존되어 있다.

로만틱 가도 여행은 12세기 로마네스크 양식부터 19세기 로코코 양식까지 이어진 거대한 건축 박물관을 관람하는 것 같은 감동을 준다. 길을 따라 연결된 고도들에서 유럽의 역사 안에 살아 숨 쉬는 독일 역사의 면면들을 생생하게 볼 수 있다.

로만티세 슈트라세라는 이름은 제2차 세계대전 후 탄생했다. 1950년, 세계대전이 끝난 후 독일 경제는 기존의 탄탄한 기술에 값싼 노동력이 더해지면서 패전으로 인한 전후 복구 작업이 수월하게 진행되었고 낡은 산업 시설을 현대화했다. 게다가 마셜플랜으로 유럽 부흥을 위해 미국에서 유입된 풍부한 자금력을 바탕으로 첫 번째 폭발적인 경제성장을 이루게 되었다.

경제 부흥과 동시에 이들이 관심을 갖기 시작한 분야는 관광산업이었다. 당시만 해도 독일 돈 1마르크(한화 500원 정도)면 영화를 한 편 볼 수 있었고 자가용을 소유한 사람은 부자로 인식되던 시절이었으니 먼 미래를 내다본 준비였을 것이다.

세계대전이 끝난 후 독일에는 수많은 미국 관광객이 유입되었다. 당시 로만틱 가도는 로맨틱 로드(Romantic Road)로 불리며 미국인들에게 독일에서 가장 사랑받는 관광지였다. 특히 독일에 주둔하고 있던 미군 가족들의 휴양지로 널리 알려지기 시작했다.

  1990년대에 들어서 이 길을 점령했던 미국인들은 일본인 관광객에게 자리를 내준다. 로만틱 가도 곳곳에 서 있는 이정표마다 독일어와 함께 쓰인 일본어가 바로 일본인을 대상으로 성수기를 누렸던 흔적이다. 당시에는 두 사람 중 한 명이 다녀갔다고 할 만큼 많은 일본인이 이곳을 찾아왔다고 한다.

  천 년 전의 기둥과 대들보가 드러난 건물들을 볼 때마다 시대의 흔적을 지우지 않고 고이 간직하려는 이들의 노력과 정성에 감탄하곤 한다. 유명한 독일 관광지에 갈 때마다 놀라운 것은 외형의 아름다움만이 아니었다. 그 안에서 역사의 숨결을 느낄 수 있을 때 아름다움은 감동으로 변하여 배가되었다. 옛것을 좋아하고 소중하게 매만지며 아낄 줄 아는 선조들의 행위가 후손에게 어마어마한 문화유산을 남겨주었고, 관광산업을 위한 굴뚝 없는 공장까지 마련해 준 셈이다. 독일에서 국가적인 문화재만 가치 있고 소중한 것은 아니다. 보잘것없는 개인의 삶 속에서도 소중하게 간직하고 있는 옛 물건들을 곳곳에서 볼 수 있다.

딘켈스빌의 아름다운 도이췌하우스

  남독일의 로만틱 가도를 따라 자동차로 달리다 보니 눈에 들어오는 색이 초록색과 노란색뿐이다. 대체 에너지로 유채 기름이 중요해지면서 5월의 들은 온통 유채꽃으로 뒤덮여버렸다.

　노란색 양탄자를 깔아 놓은 듯 유채 꽃밭으로 이어진 길을 달려 북으로 올라가다가 우연히 들어선 작은 도시 딘켈스뷜. 성문을 들어서자마자 "세상에, 이렇게 예쁠 수가……"란 감탄사가 연발 터져 나왔다. 여느 명성 높은 관광지보다 더 아기자기하고, 더 원색적이고, 더 고풍스러웠다.

　안스바흐(Ansbach)에서 남서쪽으로 도나우 강의 지류인 뵈르니츠(Wörnitz) 강을 따라 발달한 딘켈스뷜은 한 시간이면 시내를 충분히 둘러볼 수 있을 정도로 작다. 도시의 규모와는 달리 건물 하나하나가 뿜어내는 예술의 향취에 압도되어 한 집을 건너가는데도 쉽게 발걸음이 떨어지지 않았다.

　인구 1만 1000명의 이 작은 도시는 수많은 전쟁 속에서도 훼손되지 않은 상태로 중세의 모습을 가장 잘 보존하고 있는, 성벽으로 둘러싸인 옛 요새지다. 수많은 도시들이 세계대전으로 파괴되었지만 전쟁 후 이들이 도시의 재건을 위해 기울인 정성은 놀랍다. 깨끗이 정비하고 현대적인 시설을 들이기 위해 정성을 쏟은 것이 아니라, 옛 모습을 그대로 복원하는 데 가장 많은 돈을 썼고 땀을 흘렸다. 딘켈스뷜은 그렇게 재건된 도시가 아니라 처음 모습을 그대로 보존하고 있는 도시라 더욱 가치를 인정받는다.

　남독일에 남아 있는 후기 고딕 건축양식의 정수를 보여 주는 아름다운 성 게오르크 교회(St.-Georgs-kirche)가 특히 이 도시에 들어선 관광객의 시선을 잡고 놓아주지 않는다. 성 게오르크 교회는 후기 고딕 건축

딘켈스뷜에서는 아름다운 옛 건물들이 뿜어내는 향취에 압도된다

19세기 건축양식을 그대로 보존하고 있는 딘켈스뷜 마크트 광장의 건물들

양식의 건물에 로마네스크 첨탑이 어우러진 아름다운 홀 형식의 교회다. 그 교회의 첨탑에 오르면 딘켈스뷜의 정경을 한눈에 볼 수 있다.

   교회의 창문을 자세히 관찰하면 브레첼이란 독일의 전통적인 빵 무늬가 보인다. 교회를 지을 때 창문 유리를 기증한 제빵 마이스터에 대한 감사를 표시하기 위해 브레첼 무늬를 넣었다는 이야기가 전해 온다.

   딘켈스뷜에는 매년 7월에 킨더체헤(Kinderzeche)란 어린이 축제가 열린다. 30년 전쟁 당시 스웨덴군이 도시를 파괴하려 하자 어린이들이 스웨덴 장군에게 간곡히 청해 딘켈스뷜을 지킬 수 있었다는 역사적인 이야기를 기념하는 축제다. 성 게오르크 교회 앞에는 어린이와 장군

16세기에 건축되어 독일에서 가장 아름다운 건물 중 하나로 인정받고 있는 도이췌하우스

의 동상이 당시의 상황을 재연하고 있다. 니콜라우스 에셀러스(Nikolaus Eselers)의 설계로 1446년부터 1499년에 걸쳐 지어졌다는 교회는 지금도 어디 하나 흐트러짐 없이 강건함을 보여 준다.

    교회가 있는 곳은 이 도시의 중심인 마크트 광장(Marktplatz)이다. 그 광장에 서서 주변을 둘러보면 사방에 눈에 띄지 않는 건물이 없다. 아무리 겉으로는 평범해 보이는 집도 중세를 훌쩍 거슬러 올라간다.

성 게오르크 교회 앞 어린이와 장군의 동상

그중에서도 성 게오르크 교회를 마주 보고 있는 도이췌하우스(Deutsche Haus)는 독일에서 가장 아름다운 건물 중 하나로 꼽힐 만큼 유명하다. 지금은 호텔과 레스토랑으로 사용되는 이 건물은 15세기에 후기 르네상스 건축양식으로 지어진 파흐베르크하우스(Fachwerkhaus)에 속하는 건물이다.

파흐베르크하우스란 기원 전후를 즈음해 시작되어 19세기까지 이어진 건축양식이다. 나무와 나무를 연결하고 그 가운데 공간은 흙으로 채운, 북알프스의 중부 유럽부터 영국까지 광범위하게 영향을 미친 건축양식이다. 도이췌하우스는 16세기부터 이미 레스토랑으로 이용되었다고 한다.

도이췌하우스를 포함해서 양옆에 있는 다섯 채의 건물들이 모두 1600년에 지어져 현재까지 원형 그대로 보존되고 있다. 이렇게 원형을 그대로 보존하면서도 깨끗하고 정갈한 모습을 유지하기 위해 시는 건물 관리에 엄격한 규제를 두고 있다. 집 외벽을 천연색으로만 칠해야 하며, 광고판이나 조명을 함부로 달 수 없고, 창틀의 색조차 규정에서 벗어나지 못하도록 했다. 또 상가의 간판도 로만틱 고딕체만 쓰도록 정해져 있다.

시내 중앙에서 약간만 벗어나면 도시를 에워싼 성곽이 나타나고 시내와 연결된 성문이 있다. 그 성문 위에 높게 쌓아 올린 바로크 양식의 탑이 이채롭다. 그림처럼 아름다운 마크트 광장에서 남서쪽 제그링어토어(Segringer Tor)까지의 거리는, 일찍이 1890년부터 베를린이나 뮌헨의 예술가들이 여름이면 찾아와 작품 활동을 하고 돌아갔던 곳이다.

이런 고도를 더 멋스럽게 구경하려면 산책을 하면서 감상하는 것도 좋지만, 딸각딸각 덜컥덜컥 마차를 타고 돌아보면 더 멋질 것 같다. 골목 어귀에서 손님을 기다리는 마부를 보면서 시간만 있다면 타고 한 바퀴 돌아보고 싶은 마음이 간절했지만 사진만 한 장 남겼다.

로텐부르크에서 만난 할머니들

로만틱 가도의 아름다운 도시 로텐부르크(Rothenburg ob der Tauber)의 시작은 이 도시의 작은 마을 데트방(Detwang)이다. 970년 동프랑크 왕국의 귀족인 라이니거에 의해 성이 지어졌고, 그가 죽은 후 1108년 성이 발견되었으나 지진으로 1356년 파괴되었다. 그 후 콤부르크 로텐베르크 가문이 소유하게 되었다고 한다. 이 가문은 로텐베르크 오프 데어 타우버 이외에도 여섯 개의 로텐부르크라는 이름의 도시를 여섯 개나 세웠다. 그중 네 개의 도시가 독일에 속해 있다.

로텐부르크는 작은 도시지만 유물을 보존하고 있는 박물관이 네 개나 있다. 라이히스슈타트 박물관, 미텔알터리헤스크리미날 박물관, 도이췌스바이나흐츠 박물관, 푸펜운트슈필초이그 박물관. 도시 외관은 설렁설렁 걸어 다녀도 한 시간 안에 둘러볼 수 있지만 좀 더 자세히 보려면 박물관만 돌아보아도 하루가 부족할 정도다.

시내 중심의 마크트 광장 가까운 거리에 유대인들의 유적이 남아

로텐부르크는 970년 동프랑크 왕국의 귀족인 라이니거에 의해 성이 지어지면서 도시의 면모를 갖추었다

있다. 슈란넨플라츠의 오랜 유대인 묘지가 1350년까지 이 도시에 유대인이 살고 있었다는 사실을 증언해 준다. 그리고 인상적이었던 높은 중세의 탑과 성곽 들, 그 아래 자전거를 타고 자유롭게 왕래하는 사람들의 표정이 여유롭다.

작지만 볼거리가 많았던 시내에서 여기저기 기웃거리다가 가이드를 따라다니는 한 무리의 독일 할머니들을 만났다. 도시의 역사에 귀기울이며 가끔은 호기심 가득한 눈으로 질문들을 하는 모습이 마치 수학여행 다니는 중·고등학생 같은 모습이었다.

세계에서 여행을 가장 많이 하는 국민 중의 하나가 독일인이다. 젊

로텐부르크 시청 앞 광장. 단체 관광을 즐기는 독일 노인들이 시청의 역사에 대한 가이드의 설명에 귀 기울이고 있다.

어서는 가고 싶은 곳이면 훌쩍 떠나기도 잘하는 사람들이지만 나이가 들면 계획을 세워 가이드를 따라다니는 단체 여행도 많이 한다. 그것도 물론 여유 있는 사람들 이야기지만 아직까지 독일의 복지는 노인들의 삶을 외면하지 않는다. 젊어서 열심히 살았던 사람들은 대체적으로 여유로운 노년을 보낸다.

독일 하면 색다르게 다가오는 풍경 중의 하나가 멋쟁이 할머니들이다. 거리를 지나다 보면 어깨에는 명품 스카프를 두르고 멋진 모자에 세련된 정장 차림의 할머니들을 자주 만날 수 있다. 한눈에 봐도 '정말 멋을 냈구나!' 느껴지는 그런 멋진 할머니 말이다. 값비싼 옷가게도 주 고객이 노인인 경우가 가장 많을 정도로 독일 할머니들은 소비 계층의 중요한 부분을 차지한다.

그러나 젊은이들은 조금 다른 것 같다. 학생은 학생 나름대로, 직장인은 직장인대로 경제적인 여유가 그리 많아 보이지 않는다. 많은 대학생이 부모의 도움 없이 학교에 다니다 보니 공부와 아르바이트에 동분서주하느라 시간적으로나 경제적으로 외모에 신경 쓸 여유가 없다. 대학가를 돌아다녀 보면 모두가 허름한 재킷 하나로 한 계절을 버텨내는 것 같다. 남학생은 그렇다 치고 여학생도 마찬가지다. 대학가에서 예쁘게 화장한 여대생과 마주치기는 쉽지 않다.

직장인이라고 해서 여유가 있는 것은 아니다. 아무리 월급을 많이 받는다 해도 엄청난 세금을 부담하고 나면 하고 싶은 것을 다 하고 살지는 못한다. 약간의 차이는 있겠지만 대개 한 달 먹고살기 빠듯하다. 이 나라는 부동산 투기도 한탕주의도 없기 때문에 어디에도 눈 먼 돈

노후를 연금만으로 보내지만 여유 있어 보이는 노인들

이 돌아다니지 않는다. 부모에게 유산을 물려받지 않는 한 큰돈을 만져 보는 일은 평생 거의 없다고 해야 옳다.

하지만 노인들의 삶은 젊은이들의 빡빡한 삶과 달라 보인다. 그것은 세련된 외모에서도 잘 나타나지만 온화하고 여유 있는 표정에서도 읽을 수 있다. 자기 집 한 채만 있다면 특별하게 모아 놓은 재산이 없다고 하더라도 노후를 연금만으로 충분히 여유 있게 보낼 수 있다.

중산층이 사는 동네의 할머니, 할아버지들은 독일에서도 가장 비싸다는 벤츠나 아우디를 타고 다니며 쇼핑을 하고 아침은 근사한 레스토랑을 찾아다니면서 먹는다. 오후에는 산책을 하거나 친구들을 방문하기도 하고, 그 나머지 시간은 모두 정원을 꾸미고 집을 고치는 일로 소일한다.

그러면서 잠깐 빵을 사러 가까운 빵집에 갈 때도 아무렇게나 차리고 나가지 않는다. 항상 깔끔한 복장과 잘 손질한 머리, 조금 더 신경을 쓰는 사람은 모자까지 꼭 쓰고 다닌다. 부지런하기가 이루 말할 수 없는 사람들이다. 아무리 나이가 많아도 어슬렁거리며 게으름을 피우지 않는다. 집을 손질하고 정원을 가꾸는 일도 어쩌면 그렇게 열심히 하는지 젊은 나를 부끄럽게 할 때가 많다.

그 사회가 얼마나 안정되어 있는가는 노인들의 삶에서 가장 잘 나타나는 것 같다. 그러나 이렇게 아름다운 독일 노인들의 여유도 오래 갈 것 같지는 않다. 점점 국고가 비어 가면서 지금의 사회보장제도로는 10년 앞을 보장할 수 없게 되었다. 그 좋은 예로, 월급의 15%나 내는데도 의료보험의 개인 부담은 점점 늘고 있어 이미 서민들의 가계에 그 위험이 감지되고 있다.

지금의 노인들이 독일의 복지 혜택을 가장 많이 누리는 마지막 세대가 될지도 모른다. 황혼 녘이면 손을 꼭 잡고 산책을 나가는 노부부의 뒷모습을 바라볼 때면, 문득 '저 조용한 행복이 오래오래 지속되기를……'이라고 기도하게 된다.

바로크 건축의 완결판 뷔르츠부르크 성

로만틱 가도의 시작이자 마지막 도시는 뷔르츠부르크다. 북에서 남으로 내려가는 사람들에게는 시작이요, 남에서 북으로 올라가는 여

나폴레옹이 유럽에서 가장 아름다운 성이라고 찬양했던 뷔르츠부르거 레지덴츠

행자에게는 마지막 도시다.

마인 강에 접해 있는 바이에른의 전통적인 도시, 로만틱 가도나 바이에른을 여행하는 사람들은 뷔르츠부르크를 그냥 지나치지 않는다. 바로크 건축양식의 완결판이 이 도시에 있기 때문이다. 뷔르츠부르거 레지덴츠(Würzburger Residenz)는 나폴레옹이 유럽에서 가장 아름다운 건물이라고 찬양했던 성이다. 웅장한 외관과 화려한 실내장식, 아름다운 정원이 감탄을 자아내게 하는 곳이다.

이 성에는 300개의 방과 로코코식 화려한 실내장식을 한 다섯 개의 홀이 있다. 제2차 세계대전 당시 영국군의 공격으로 성의 많은 부분이 파괴되었으나, 1980년까지 오랜 복구 과정을 거쳐 원형으로 복원되었고, 1981년에는 유네스코 세계문화유산으로 지정된 곳이다.

전제주의 시대 군주의 권력과 부의 상징은 그가 사는 성의 크기와 화려함에 있었다. 요한 필리프 프란츠 폰 쇤보른(Johann Philipp Franz von Schönborn)도 자신의 막강한 힘을 과시하기 위해 당시 화폐로 600만 굴덴이란 어마어마한 돈을 들여 1719년 성 건축을 시작했고 1744년에 완공했다.

건축가인 발타자 노이만(Balthasar Neumann)과 함께 국제적인 건축가, 화가, 조각가 들이 공동으로 건립에 참여했다. 뷔르츠부르거 레지덴츠의 축조로 무명의 발타자 노이만은 일약 세계적인 건축가로 주목받았다.

뷔르츠부르거 레지덴츠 광장에서 건물을 사진에 담기 위해 서성거리는데 두 청춘 남녀가 건물 앞 동상 아래서 부둥켜안고 움직이질 않

마인브뤼케 다리에서 바라본 테라세 카페

았다. 부비고 키스하고 끌어안고, 한참을 기다렸지만 좀처럼 끝나지 않는 그들의 사랑놀이에 지쳐 건물과 함께 사진에 담아버렸다. 평소에는 수줍음 잘 타는 독일인들이 사랑에는 이렇게 주변을 의식하지 않고 적극적이다.

1730년에 축조된 4.5m 높이의 바로크 양식 다리 마인브뤼케(Mein Bruecke) 주변은 관광객으로 연일 장사진을 이룬다. 다리를 건너기 전 발코니 노천카페에서 와인 잔을 기울이고 있는 사람들이 보였다. 강을 바라보며 관광객을 안주 삼아 5월의 태양을 음미하는 얼굴들이 여유롭다.

처음 한동안은 그런 이들의 자리에 내가 끼어든다는 것이 어색하기도 했지만 이젠 제법 익숙해졌다. 햇빛 좋은 날 시내에 나가면 으레 노천카페에 앉아 커피라도 한 잔 마셔야 할 것 같은 유혹이 일어나는 것을 보면 말이다. 그만큼 햇빛이 귀한 나라여서인지 일기에 따라 사람들의 행동반경은 많이 달라진다. 뷔르츠부르크를 돌아보던 날도 화창한 날씨 때문인지 수많은 사람들이 거리로 쏟아져 나와 산책하거나 쇼핑하거나 햇볕을 받으며 노천카페에 앉아 있었다.

처음 독일에 왔을 때가 8월이었다. 잠깐이지만 한여름 날씨는 한국 못지않게 뜨거워 양산을 쓰고 다녔다. 한국에선 여름에 당연한 일이였기에 별 생각 없이 한낮이면 익숙하게 양산을 펴곤 했다. 며칠을 그러고 다니면서도 사람들이 나를 힐끔거린다는 사실을 몰랐다.

가끔 눈치를 챘어도 양산이 아니라 얼굴이 다른 동양인이기 때문이라고 생각했다. 그런데 어느 날 나를 한 번 바라보고는 다시 양산을 쳐다보며 낄낄거리고 소곤대는 소녀들을 보고서야 알게 되었다. 나 이외에 아무도 길에서 양산을 쓰는 이가 없다는 사실을.

알고 보니 독일은 한여름이라도 햇빛이 귀한 나라였다. 날씨 좋은 날은 너도나도 해바라기하느라 정신없는데 양산을 쓴 동양인이 보였으니 웃을 수밖에. 그것도 13년 전 이야기다. 최근엔 독일의 여름도 점점 뜨거워지고 있다. 여름 더위에 익숙하지 않은 사람들이 가끔 일사병으로 쓰러지는 일까지 발생한다. 아직 양산을 쓰는 사람은 없지만, 곧 독일도 여름에 밖에 나가려면 양산이나 모자가 반드시 필요할지 모르겠다.

로만틱 가도를 따라가는 동안 들른 도시들은 어디나 비슷한 모습이었다. 수백 년 혹은 천 년 전의 흔적들이 사라지지 않은 공간에서 자연스럽게 자신의 자리를 찾아 어울린다. 건물을 사람에게 맞추는 것이 아니라 마치 사람을 자연과 건축물에 적응시키려고 노력하는 것처럼. 새로 짓는 건물들은 현대인의 편의에 맞게 설계하지만 옛집은 사람이 건물에 적응해야만 하기 때문이다.

추억의 하이델베르크

하이델베르크(Heidelberg) 작은 카페의 창 너머로 보이는 독일의 겨울 풍경은 언제 보아도 내게는 이국적이다. 앙상한 나뭇가지 사이로 보이는 지평선, 모진 눈보라에도 생명을 잃지 않은 들판은 겨울에도 여전히 초록을 간직하고 있었다. 대자연의 품 안에서 유일한 문명의 흔적은 겨울이면 더 박차를 가하며 돌아가는 풍력발전기뿐, 더 이상 인간의 냄새를 느낄 수 없다.

20대의 나는 유독 커피를 좋아한 청춘이었다. 아니 커피보다는 그 커피에 어울리는 카페의 분위기를 즐겼던 것 같다. 그 시절 나는 둘보다는 홀로, 카푸치노보다는 아메리칸 스타일의 옅은 원두커피를 좋아했다.

'독일풍 카페'라는 부제에 이국적인 냄새가 물씬 풍겼던 '하이델베르크'는 당시 가장 많이 찾았던 대학로 커피 집이다. 고전적인 독일 맥줏집을 흉내 낸 인테리어와 짊어지고 갔던 상념들을 일순간에 정리해

네카어 강을 끼고 발달한 아름다운 도시 하이델베르크

영화 '황태자의 첫사랑'에 등장한 로텐옥센 실내에는 이 레스토랑을 거쳐 간 역사적인 인물들의 기념사진이 빈틈없이 걸려 있다

주는 듯한 모차르트의 선율이 고급스러운 안식을 주었던 곳이다.

대학로가 본격적인 유흥가로 물들기 전인 1980년대 초, 카페가 있던 거리는 말 그대로 대학로였다. 길을 활보하는 대부분의 젊은이들은 인근에서 대학을 다녔던 성균관대나 성신여대, 서울의대 학생들이었던 것 같다. 하이델베르크는 내게 한 잔의 커피와 함께 사치스러운 고독을 선사하기도 했고, 남독일의 흑맥주를 마시며 인생을 논하게 했고, 리포트를 쓰며 공강 시간의 여유를 만끽할 수 있게 했다.

대학을 졸업하고 상업화의 열풍으로 더욱 유명해진 대학로를 찾았다. 나의 작은 독일, 1980년대 하이델베르크는 더 이상 없었다. 이름은 그때 그대로였지만 마주 앉은 사람의 목소리도 알아들을 수 없을 정도로 시끄러운 소음과 짙은 사람 냄새로 더 이상 예전의 정취를 찾을 수 없었다.

그리고 독일에서 찾아간 진짜 하이델베르크의 전형적인 독일식 레스토랑, 그곳에서도 젊은 날 허기를 채워 주던 그런 지성의 냄새는 찾아볼 수 없었다. 관광객으로 북적대는, 약간은 고급스러운, 한 끼 식사를 때울 수 있는 식당, 그 이상도 이하도 아니었다.

스무 살 내 상상 속의 하이델베르크는 레스토랑이 아니라, 멀리서 내려다보이는 네카어(Nechar) 강 저편, 옛 모습을 그대로 간직한 그림 같은 마을, 그 마을과 어우러진 자연 속에 있었다.

Drink! Drink! Drink!

Drink! Drink! Drink! Drink!

Ein zwei drei vier

Nip your stein and drink your beer……

마시자! 마시자! 마시자!

마시자! 마시자! 마시자! 마시자!

하나 둘 셋 넷

술잔을 기울여 맥주를 마시자.

테너 마리오 란자(Mario Lanza)와 함께 청년들의 합창으로 어우러진 경쾌한 축배송(Drinking song), 한국에서는 〈황태자의 첫사랑〉으로 널리 알려진 영화의 주인공 에드먼드 퍼돔(Edmund Purdom)이 립싱크한 〈The Student Prince〉다.

하이델베르크 하면 떠오르는 유명한 영화가 있다면 〈황태자의 첫사랑〉이다. 이 영화에 등장한 맥줏집, 가스트호프 춤 로텐옥센(Gasthof zum Roten Ochsen, 이하 로텐옥센)은 황태자가 다녀간 이후에도 한 번도 문을 닫지 않고 지금까지 그대로다. 그때 그대로, 아무것도 변하지 않았다. 변한 것이 있다면 주인의 얼굴이 젊어졌다는 것밖에 없는 것 같다.

이 레스토랑 주인 필리프 슈펜겔은 조상의 가업을 이어받아 6대째 로텐옥센을 운영하고 있는 젊고 잘생긴 경영자다. 그는 여느 독일 주인과 마찬가지로 직접 요리도 하고 서빙도 한다.

로텐옥센이 들어서 있는 가옥은 1703년에 지어진 건물이다. 레스토랑의 설립자인 6대조 알브레히트 슈펜겔이 1839년 이 집을 당시 독일 화폐인 1만 1300굴덴에 사들여 레스토랑으로 개조했다고 한다. 그 후 172년 동안 변함없이 이 도시를 찾는 사람들에게 시원한 맥주로 목을 축이며 하이델베르크의 지난날을 추억하게 해 주는 장소다.

수십 년 전 하이델베르크 대학을 졸업한 사람이라도 이곳을 찾았을 때 유일하게 변함없는 모습으로 그들을 기다리는 곳은 로텐옥센일 것이다. 거기에는 언제나 추억이 있고 역사가 있으며, 그곳에서 하이델베르크의 낭만을 만끽할 수 있으리라는 기대가 있다.

한번은 하이델베르크에 일이 있어 갔다가 로텐옥센에서 만나기로 한 일행이 좀 늦게 도착하는 바람에 주인과 잠시 이야기를 나눌 시간이 있었다. 그는 젊은이답지 않은 차분함과 논리 정연한 언변을 갖춘

레스토랑 춤 로텐옥센

사람이었다. 그와 나눈 잠시의 대화는 참으로 신선했다.

젊은 나이에 어떻게 가업을 이어 가려는 생각을 했냐고 물었더니 "이렇게 역사와 전통을 간직한 명소를 지킬 수 있다는 것 자체가 내게 큰 행운"이라며 한 번도 다른 일을 생각한 적이 없었다고 한다. 그는 가업에 대한 대단한 자부심을 보여 주었다.

화려한 역사를 보여 주는 사진으로 사방의 벽을 장식한 로텐옥센을 둘러보며 가장 궁금했던 것은 역시 속물적인 관심사였다. '분명 이 정도면 엄청난 돈을 벌었을 텐데 어떻게 레스토랑을 확장할 생각을 하지 않았을까?' 또 6대째 운영했다면 경영자가 여섯 번이나 바뀌었을 텐데, 170년이 넘는 세월 동안 그 누구도 이 건물을 부수고 멋진 빌딩을 지을 생각을 하지 않았다는 것이 신기했다.

필리프에게 그 이유를 물으니 이렇게 대답했다. "로텐옥센은 과거를 보여 줄 수 있는 공간이기 때문에 가치가 있는 것이다. 좀 더 화려하게 만들려고, 좀 더 많은 손님을 받으려고 역사를 허물어버렸다면 지난날을 추억하기 위해 이곳을 찾는 손님들은 다시 오지 않았을 것이다"라고.

주인과 잠시라도 인터뷰할 수 있는 시간이 주어져 좋기는 했지만 만나기로 약속한 한국 사람들이 시간이 지나도 나타나지 않았다. 그제야 시계를 보며 이러이러한 한국 손님들이 오늘 예약한 것이 확실한지 물었더니, "그 사람들은 일주일 전에 예약을 하고는 바로 전날 취소를 했다"는 것이었다. 그 말을 하면서 그는 지금까지 재미있게 이야기를 주고받던 내게 정색을 하며 "전형적인 한국인, 한국 관광객들"이라며 씁쓸한 미소를 지었다.

필리프는 어려서부터 부모님을 도와 로텐옥센에서 일을 했기 때문에 그동안 수없이 많은 한국인을 상대해 왔고, 한국 손님의 특성을 아주 잘 알고 있었다. 그는 한국 손님들은 예약해 놓고 바로 전날 취소하는 것은 보통이고, 아예 나타나지 않을 때도 너무 많았다고 털어놓았다. 한국 관광객을 상대로 벌어들인 돈도 적지 않겠지만 그들이 끼친 손해도 만만치 않은 듯했다.

갑자기 얼굴이 화끈거렸다. 그가 한국인에 대해 나보다 더 많이 알고 있는 것 같았다. 숨기고 싶은 속내를 들켜버린 듯 민망해서 말문이 막혀 꿀 먹은 벙어리가 되었다. 한참 이야기를 듣고 있는데 전화가 왔다. 예약이 취소되었다고 해서 혹 내가 약속 날짜를 잘못 안 것은 아닌지 걱정했는데 일행이 로텐옥센으로 오고 있다는 것이었다.

예약 하루 전날 취소했다가 다시 온다는 말에 그가 껄껄 웃었다.

운무에 덮인 하이델베르크 성은 신의 궁전을 연상케 할 정도로 장엄하다

300년 전 프랑스와의 영토 전쟁으로 무너진 하이델베르크 성은 지금도 무너진 그대로 보존되어 있다

돈을 벌면서도 별로 기분이 좋아 보이지 않았다. 그날 마침 빈자리가 있었으니 망정이지 그렇지 않았다면 일행이 레스토랑에서 우왕좌왕 할 뻔했다. 세계적으로 유명한 레스토랑 주인이 한국인에 대해 부정적인 생각을 하고 있다는 사실이 마음에 걸려 그날 저녁 식사는 내내 불편했다.

하이델베르크는 1688년과 1693년 두 차례에 걸쳐 프랑스와 격렬한 영토 전쟁을 치른 도시다. 전쟁이 끝나고 이 도시는 중세의 기초를 그대로 두고 파괴된 건물들을 바로크 양식으로 새롭게 단장했다. 그러나 전쟁 때 붕괴된 하이델베르크 성은 파괴된 상태 그대로 보존되어 당시의 끔찍했던 참상을 전해 주고 있다.

무너져 내린 성을 바라보면 300년이란 시간이 고스란히 전해져 오는 것 같아 남의 나라 역사지만 가슴이 뭉클해진다. '아, 이런 장소를 그대로 보존하는 것도 가치 있는 일이구나.' 하이델베르크의 무너진 성터를 보는 순간 처음으로 이런 생각이 들었다. 경제 부국 미국을 부러워하지 않는 유럽인의 긍지가 바로 이런 곳에서 나타나는 것 같다.

그동안 일 때문에 잠시만 다녀왔던 하이델베르크를 얼마 전 10년 만에 다시 여행할 기회가 있었다. 도시는 비에 젖어 있었다. 맑은 가을날 보았던 깨끗하고 예쁜 그 모습과는 또 다른 자태로 다가왔다. 멀리 보이는 산 중턱에 운무에 반쯤 가려진 하이델베르크 성이 신비스러운 모습으로 도시를 내려다보고 있었다. 방금 하늘에서 내려앉은 듯 웅장하고 육중한 고성이 가벼워만 보였다. 옥황상제가 산다는 하늘나라가 이런 모습일까? 그 신비스러운 형상에 함께 갔던 한국에서 온 친구들은 입을 다물지 못했다.

비가 오락가락하는 험한 날씨에도 불구하고 하이델베르크 성에 올라갔다. 세계에서 가장 큰 와인 통을 다시 한 번 보기 위해서였다. 입구를 들어서면서 '와! 정말 크다'라고 생각했는데 그 통이 아니었다. 그건 모조품이고 진짜 와인 통은 안에 있었다.

'큰 통'이란 의미의 이 그로세파스(Große Fass)를 보기 위해 해마다 50만 명 이상의 관광객이 하이델베르크 성을 다녀간다고 한다. 1751년 완

세계에서 가장 큰 와인 통 그로세파스를 지키는 페르케오 동상

성된 그로세파스는 221만 726*l*의 와인을 저장할 수 있는 어마어마한 술통이다. 이 통에 지금까지 정확히 세 번 와인이 가득 채워졌다고 한다. 통이 너무 크다 보니 사람이 직접 올라가서 와인을 담는 것이 아니라, 구멍에 호수를 연결시켜 펌프질을 해야 한다.

그로세파스 앞에는 통을 지키는 난쟁이 동상이 서 있다. 술잔을 들고 있는 자세며 표정이 분명 술을 좋아할 것처럼 익살스러우면서도 약간은 슬픈 서민적 모습이다. 그의 이름은 페르케오(Perkeo). 와인 애호가의 상징적인 이름이라고 한다.

페르케오는 본래 남부 티롤(Tirol) 지방에서 살았다. 카를 3세 필리프가 티롤 지방 지사로 근무할 때 그를 신기하게 여겨 하이델베르크로 데려와 성안의 광대로 키웠다. 그의 이름 페르케오는 '와인 한잔 할 수 있겠어?'라고 물으면 항상 '당연하지(perché no?)'라고 대답했던 데서 유래했다고 한다.

그 정도로 그는 술이라면 절대로 거절하는 일이 없는 애주가였다. 하루에 20~30*l*를 마셨다고 하니 아무리 부풀렸을지라도 놀라운 주량이다. 그는 그토록 술을 많이 마셨지만 타고난 술 체질이었는지 무병장수했다고 한다. 나이 여든 살에 처음으로 병이 들어 건강을 위해서는 술을 끊어야 한다는 의사의 말을 듣자 바로 다음 날 세상을 떠났다는 이야기가 전해진다.

그때까지 그를 살게 한 가장 중요한 에너지는 술이었던 것이다. 인간이 희망이라는 에너지를 잃는다면 좋은 음식과 건강을 위한 정보들은 한낱 무용지물이 될 수밖에 없는 모양이다.

2000년 전 로마가 숨 쉬는 트리어

아무리 작은 동네도 중세의 건축물 하나 정도는 간직하고 있는 독일 도시들의 역사는 웬만하면 1000년 전으로 거슬러 올라가는 것이 보통이다. 그런 독일에서 정작 제일 오래된 도시를 들라면 분명하게 말하기 어렵다. 독일에서 공식적으로 '가장 오래된 도시'로 지정된 곳이 없는 이유는 지역마다 고도를 규정하는 기준이 다르기 때문이다. 그럼에도 불구하고 어림잡아 오래된 지역이라고 한다면 켐프텐

(Kempten), 보름스(Worms)와 함께 트리어(Trier)를 꼽을 수 있다.

트리어는 2000년이 넘는 역사를 간직하고 있는 도시다. 아우구스타 트레베로룸(Augusta Treverorum)이라고 불렸던 이 도시는 기원전 16년경 아우구스투스 황제에 의해 마을이 건설된 후 상업과 행정 중심지로 성장했다. 독일에서 로마 시대의 유적을 가장 많이 보존하고 있는 도시들 중의 하나이기도 하다.

모젤 강의 허리에 자리한 트리어는 4세기경 로마 시대 때 인구 8만 명이 넘는 북알프스에서 가장 큰 도시였다. 그러나 중세와 근세를 거치면서 수많은 전쟁과 페스트 같은 전염병의 창궐, 흉년으로 인한 기근 등으로 1697년에는 2677명까지 인구가 감소했다가 18세기경부터 다시 증가하기 시작해 1801년에는 8829명, 19세기 산업혁명 초기에는 4만 3000명, 1939년에는 8만 8000명, 현재는 10만 인구가 살고 있는 중소 도시로 성장했다.

트리어의 기원은 작가를 알 수 없는 『게스타 트레베로룸(Gesta Treverorum)』이란 중세 문학작품에 근거해서 트레베리(Treveri) 민족이 살았던 시대인 기원전 2003년부터라고 주장되기도 한다. 그러나 이 작품은 상상력에 의한 순수한 창작물이라는 사실 때문에 설득력을 갖지 못했고, 공식적으로 트리어는 기원전 16년 로마인에 의해 세워진 도시로 기록되어 있다.

트리어 역에서 어른 걸음으로 10분 정도만 가면 웅장한 로마식 성문이 나타난다. '검은 문'이라는 의미의 라틴어에서 유래한 포타 니그라(Porta Nigra)는 이 도시의 관문이다. 기차에서 내리자마자 지도를 펼

유네스코 세계문화유산으로 지정된 '검은 문'이란 의미의 포타 니그라

포타 니그라 전망대에서 내려다 본 트리어 전경

처 들고 종종걸음으로 시내를 향해 가던 내 앞에 갑자기 '쿵!' 하고 거대한 과거가 길을 막아섰다. 그것도 2000년 전의 로마가 말이다. 포타 니그라를 돌아보는 내내 탄성을 멈출 수 없었다. 그 육중한 성문은 도시의 방문객들을 처음부터 압도했다. 섬세하고 날카로운 중세의 교회나 화려하고 기품 있는 르네상스 건물에 익숙한 사람들에게는 실로 충격적이리만치 웅장하다. 실용성에 기초한 로마 건축술의 위대함 앞에 나는 말문이 막히고 말았다.

누군가가 돌을 깎아 하나하나 쌓아 올렸다고는 도저히 믿기지 않을 정도로 어마어마한 성문은 건축물이라기보다는 신이 빚어낸 창조물 같았다. 거대한 아치형 돌문 아래를 지나는 사람들이 한없이 작아 보였다.

포타 니그라는 트리어를 상징하는 문화유산으로, 이 지역 사람들은 니그라를 빼어 '포타'라고만 부른다. 서기 180년, 지금의 트리어인 아우구스타 트레베로룸 시에 세워진 포타는 트리어의 립프라우엔 교회(Liebfrauenkirche)와 함께 유네스코 세계문화유산으로 지정되어 그 가치를 인정받고 있다.

'포타 니그라'란 이름은 12세기에 쓰인 『게스타 트레베로룸』에서도 언급되었다. 이 책에 의하면 트레베 민족은 포타 니그라를 로마 시대 전쟁의 신이었던 마스(Mars)의 이름을 따서 마스토어(Marstor)라고 불렀다고 한다. 전쟁에 출정하는 트레베리 전사들은 웅장한 북소리를 울리며 마스토어를 통과해 행군했지만 그들이 패잔병이 되어 다시 들어올 때의 성문은 슬픔에 젖었다. 이러한 민족의 애환을 표현한 이름이

로마제국에서 다섯 번째로 컸던 황제의 온천 카이저테르멘

포타 니그라, 즉 '검은 문'이다.

포타 니그라는 완공된 건축물이 아닌 것으로 밝혀졌다. 한쪽 벽의 기둥이 아직 다듬어지지 않은 상태 그대로고, 중세 때 금속을 도둑질해 가던 절도범들이 돌과 돌 사이를 연결한 철 고리를 빼내기 위해 뚫어 놓은 구멍이 여전히 남아 있기 때문이다.

역사적으로 목욕을 가장 즐겨 하던 민족을 들라면 로마인을 꼽을 수 있다. 로마인에게 목욕탕은 단순히 몸을 청결히 하기 위한 장소만이 아니었다. 그들은 이곳에서 정치를 논하고 지성을 뽐내기도 하면서 제2의 사교의 장으로 활용했다. 그리고 항상 목욕을 즐기며 신체를 청결히 했던 로마 시대에는 이전의 그 어떤 시대보다 전염병이 적었다. 한편 이러한 목욕 문화 때문에 로마가 망했다는 야사가 전해져 오기도 하는데, 이는 중세 기독교인들이 로마인의 문화를 폄훼하는 과정에서 생겨난 말이라는 견해도 있다. 로마인의 건전한 목욕 문화가 그리스·로마를 배척했던 중세 기독교인들에 의해 타락하고 퇴폐적인 문화로 치부되었던 것이다.

트리어에 가면 화려했던 로마 시대 황제의 목욕탕, 카이저테르멘(Kaiserthermen)을 만나 볼 수 있다. 지금은 물이 마르고 건물도 무너져 흔적만 겨우 남아 있지만, 그 무너진 상태에서도 웅장하고 화려하면서 실용성이 돋보이는 옛 로마의 목욕탕 시설들을 찾아볼 수 있다.

4세기 콘스탄티누스 대제의 명으로 건축되었기 때문에 황제의 온천이란 이름을 갖게 된 카이저테르멘은 길이가 250m, 폭이 145m로, 로마제국에서 다섯 번째로 큰 온천이다. 로마의 건축물임을 알아볼 수 있는 직육면체의 돌을 쌓아 올린 축조법과 아치형 창문 및 출입구, 층계로 연결된 탑과 난방시설의 일부가 흔적으로 남아 있다. 온천 건물의 서쪽에서부터 차례로 탈의실, 운동장, 냉욕실, 미온욕실, 온욕실 등이 있던 자리는 지금도 건재하다. 하지만 순수하게 로마의 건축술만 전해져 오는 것은 아니다. 로마 건축의 기초 위에 많은 부분이 중세 때 수리되고 보수되어, 자세히 살펴보면 층마다 축조법이 약간씩 다르다.

목욕탕이 사람들에게 사랑을 받기 시작하자, 로마의 정치인들은 인기를 얻기 위해 높은 자리에 오르면 너도나도 대중목욕탕을 건설하는 데 많은 돈을 쏟아부었다. 기원후 400년경에 조사한 로마 시의 목

유럽의 예술과 건축사를 한 눈에 볼 수 있는 트리어 돔은 1700년에 건축된, 독일에서 가장 오래된 교회다

욕탕 수를 보면 11개의 대규모 공중목욕탕과 856개의 개인 목욕 시설이 있었다고 하니 가히 그 열기를 짐작할 수 있다. 그들은 새로운 목욕탕을 짓고 설계하는 데 그치지 않고 앞다투어 그 화려함을 자랑하기 위해 열을 올렸다. 갖은 사치스러운 장식과 신전, 분수대 등 다양한 사람들의 취향에 맞는 공간을 꾸미기 위해 재산을 쏟아부었다.

로마의 목욕탕은 예술가와 철학자, 정치인부터 일반 평민, 노예에 이르기까지 모두에게 만족을 줄 수 있는 최고의 호화로운 공간으로 꾸며지면서 그 시대를 대표하는 아이콘으로 자리 잡았다.

이렇게 마음껏 목욕 문화를 즐길 수 있었던 것은 인류사에 빛나는 로마의 업적 중 하나인 상수도 기술의 발달에 기인한다. 로마는 샘이나 강물이 없이는 식수를 구할 수 없었던 시대에 상수도를 발명함으로써 먼 거리까지 식수를 공급할 수 있었다. 그로 인해 물이 풍부해지자 시민들의 오후 여가 활동을 위해 온천 시설을 건축하기 시작한 것이다. 로마인에게 목욕탕은 상류층에게는 부의 상징이기도 하면서 대중에게는 사교와 건강, 오락 등 행복한 삶을 위한 터전이었다.

콘스탄티누스 대제를 위해 특별히 건축된 카이저테르멘은 그가 주거하던 황제의 성 트리어 돔(Trierer Dom)에서 가까운 남쪽에 위치하고 있다. 5세기 초 로마가 물러가자 카이저테르멘은 더 이상 목욕탕으로 사용되지 않았다. 브루노(Bruno, 1102~1124) 대주교의 지시로 모젤 강변의 남쪽에서부터 목욕탕 건물을 중심으로 현재의 퇴퍼슈트라세(Töpferstraße) 길을 따라 트리어 방어를 위한 성을 쌓기 시작했다. 그 후 성은 계속해서 알베로(Albero)와 아놀드 2세(Arnold II) 대주교에 의해 동쪽과 북쪽으로 증축되었다.

그런 과정을 거치면서 목욕탕에 남아 있던 상수도와 보일러 시설 같은 로마의 위대한 공학술은 발전을 멈추고 전수가 중단되면서 중세에는 퇴보의 길을 걷게 된 것이다. 또한 웅장한 목욕탕 시설들은 허물어지기도 하고 채석장으로 전락하기도 하면서 로마의 문화는 점차 사양길로 접어들었다. 지금 남아 있는 카이저테르멘은 제2차 세계대전 때 파괴된 상태 그대로의 모습을 유지하고 있다.

허물어져 도시의 그림을 망가뜨리기에 충분한 장소를 지켜 온 트리어인들의 역사의식이 놀라웠다. 지금처럼 유네스코 세계문화유산으로 지정되어 수많은 사람들이 찾는 관광 명소가 되리라는 것을 내다보고 있었던 듯, 비록 온전한 건물은 아니어도 천년의 역사를 전해 주기에는 충분하다. 특히 로마 시대의 남녀 혼욕 문화는 오늘날까지 이어져 지금도 독일의 사우나는 남녀가 함께 들어간다.

마르크스의 고향

트리어는 사방에 시대를 상징하는 건축과 조각물이 보존되어 있으면서도 마치 방치된 양 실제로 만져 보고 느낄 수 있도록 열어 놓았다. 3분의 1은 로마 시대에, 나머지 3분의 2는 중세에 지어진 트리어 돔은 다른 도시의 교회와 차별화된 외관이 특징이다. 높은 원형 천정은 인간을 한없이 작고 보잘것없는 존재로 만들어버릴 정도로 웅장했

현재 박물관으로 사용되고 있는 트리어 브뤼켄슈트라세 10번지 마르크스의 생가

다. 그 옛날 누가 그 높은 곳에 올라가서 저토록 섬세하고 아름다운 작품을 조각했을까? 신비스럽기까지 했다.

로마 건축의 웅장함에 도취되어 도시 여행을 하다가 시내에서 우연히 작고 초라한 박물관을 발견했다.

건축의 역사보다는 그 안에 살았던 집주인의 사상이 더 깊어 보이는 마르크스의 생가였다. 마르크스 생가 박물관이라고 하니 그의 유품이나 소장품을 볼 수 있을 것 같아 사진 촬영을 할 수 있는지 확인까지 하고 들어갔다. 그런데 실망스럽게도 마르크스와 관련된 유품은 몇 점 없었다. 건물 안을 수리해서 벽마다 마르크스의 생애와 사회주의·공산주의 역사가 자료 사진과 함께 상세히 기록되어 있었다. 유일한 유품이라고는 마르크스의 친필 문서 하나뿐이었다.

1818년 마르크스는 트리어 브뤼켄슈트라세 10번지에서 유대교 집안의 7남매 중 셋째 아들로 태어났다. 마르크스의 아버지는 후에 유대교를 미련 없이 버리고 로마 가톨릭으로 개종할 정도로 종교에 얽매이지 않는 자유주의자였다. 마르크스는 그런 아버지 덕에 어린 시절을 자유롭게 보낼 수 있었다고 한다.

그는 고향 트리어에서 유년을 보내고 김나지움(인문계 학교)을 졸업했다. 김나지움 때 이미 최초의 저서라고 할 수 있는 「어느 젊은이의 직업 선택에 관한 고찰」이라는 소논문을 집필하는 등, 그때부터 이상과 현실 사이의 괴리에 대해 고민하기 시작했다. 아들이 자신과 같은 변호사가 되기를 희망했던 아버지의 뜻에 따라 본 대학과 베를린 훔볼트 대학에서 법학을 공부했지만 전공보다는 문학과 철학에 심취했다.

마르크스 생가 박물관에 전시되어 있는 마르크스 친필과 두상 조형물

좋은 직업을 얻을 수 있는 법학에는 점점 관심이 멀어지고 미래가 불투명한 철학에 빠져드는 아들을 보면서 그의 아버지는 걱정이 많았다.

베를린 훔볼트 대학 시절 마르크스는 청년헤겔학파의 사람들을 만나며 당시 독일 사회를 지배하던 헤겔 철학에 관심을 갖기 시작했다. 결국 그는 변호사가 되기를 원했던 아버지의 뜻을 저버리고 1841년 「데모크리토스와 에피쿠로스의 자연철학의 차이」라는 논문으로 예나 대학에서 철학 박사 학위를 받았다.

학위를 받고 고향 트리어로 돌아온 마르크스는 청년 좌파들과 함께 반정부 언론인 라인신문 편집장으로 활동했다. 그러다가 라인신문이 프로이센 정부에 의해 폐간 조치되기에 이르자 언론의 자유를 침해하는 정부에 강하게 저항하기도 했다. 독일에서 급진 좌파에 대한 탄압이 강화되자 그는 프랑스로 떠난다. 여기서 마르크스는 본격적으로 혁명적 사회주의자들과 만나면서 사상과 철학에 많은 변화를 맞게 되고, 마침내 프리드리히 엥겔스와 함께 유명한 『공산당 선언』을 쓰기 시작했다. 그러나 그의 급진적 혁명 활동은 프랑스 정부로부터도 환영을 받지 못했고, 마르크스는 추방되어 다시 영국으로 떠났다.

영국에서 마르크스는 『독일 이데올로기』 『공산당 선언』 『프랑스에서 계급투쟁』 『루이 보나파르트의 브뤼메르 18일』 『경제학 비판』 『자본론』 등을 차례로 발표한다. 자본주의의 모순을 예리하게 파헤친 마르크스주의의 영향력은 구소련의 붕괴와 함께 인류의 정치사에서 사라지게 되었지만, 지금도 학문으로는 여전히 건재하다.

오늘날 자본주의는 마르크스 시대보다 더 위험한 고지를 향해 달려가고 있다. 팽배해진 물질 만능주의 속에 떨어져 나간 인간소외와 좁혀질 수 없는 빈부의 격차, 생산과 소비의 과잉. 마르크스주의는 비록 현실적으로 완벽하게 성공을 거두지는 못했지만 인간의 존엄성을 지켜낼 수 있는 대안을 찾지 못하는 한 새로운 시각으로 계속 연구되어야 할 학문이다.

자르 강변의 도시 자르브뤼켄

기찻길 옆 오막살이 아기 아기 잘도 잔다.
칙 폭, 칙칙폭폭, 칙칙폭폭, 칙칙폭폭
기차 소리 요란해도 아기 아기 잘도 잔다.

어릴 때 많이 불렀던 아동문학가 윤석중 선생이 가사를 쓴 동요다. 노랫말의 의미를 생각하지 않고 불렀을 때는 그저 명랑하고 경쾌한 동요로만 들렸다. 그러나 이 시의 장면을 가만히 떠올려 보면 즐거운 영상이 그려지는 것만은 아니다. 기찻길 옆에 들어선 남루한 오막살이와 요란한 소음에 이미 익숙해져버린 천덕꾸러기 아기가 자는 모습에서 철로 변에 사는 서민들의 애환이 그려진다.

자를란트(Saarland) 주를 다녀오면서 긴 기차 여행을 했다. 몇 시간 동안이나 자르(Saar) 강을 끼고 굽이굽이 돌아가는 기찻길 옆 경치는 피곤에 지친 여행객이라 할지라도 도저히 잠을 청할 수 없게 하는 진

기찻길 옆은 언제나 가장 허름한 집들이 밀집되어 있다

풍경이었다. 그러나 독일에서도 기차 여행을 하면 이 나라의 가장 허름하고 누추한, 전혀 손질하지 않은 집들을 볼 수 있다. 과거 활발하게 가동되던 공장들도 대다수 문을 닫았고 깨진 유리창이며 녹슨 상하수도관들이 그대로 방치되어 있다. 기찻길 옆만큼 허름한 건물들이 집중적으로 연결되어 있는 곳은 별로 못 본 것 같다.

가정집도 마찬가지다. 철로 변에 죽 늘어선 집들은 군데군데 페인트가 벗겨진 상태로 숨 쉬기조차 힘들 정도로 다닥다닥 붙어 있다. 그런 집들이 나타나기 시작하면 역이 가까워졌다는 신호다. 이런 모습을 볼 때마다 소음을 견디고 살아야 하는 삶도 가난한 사람들의 몫이라는 생각이 들어 우울해지곤 한다.

차창으로 보이는 마을. 기찻길에서 멀어질수록 집들은 정돈되고 깨끗하다

역에서 잠시 정차했던 기차가 다시 달리기 시작하고 동네를 벗어나면 전혀 다른 풍경이 펼쳐진다. 강 건너 언덕 위에는 잘 정돈된 단정한 독일 집들이 보인다. '기찻길 옆 오막살이'에서의 초라한 일상 뒤에는 그들을 방패 삼은 안락하고 고요한 평화가 멀리까지 깃든다. 강가에 보이는 대부분의 작은 동네들은 나지막한 구릉을 타고 교회를 중심으로 옹기종기 터를 잡고 기차를 향해 서 있다.

자르 강은 프랑스와 독일을 연결하는 길이 227km 모젤 강의 가장 긴 지류다. 이 강을 따라 이어진 철로를 타고 북쪽으로 계속 달리면 그리 험하지는 않지만 산악 지대도 나타난다. 북쪽에서는 보기 쉽지 않은 산과 계곡과 그 계곡을 내려다보며 달리는 기차가 고적한 자연을 흔들어 놓곤 한다.

　기차만 타면 한국 생각이 많이 난다. 멀리서 다가오는 키 작은 살림집 굴뚝에서 연기가 피어오르면 내 마음의 기차는 어느새 경부선을 타고 남쪽으로 내려가는 꿈을 꾼다. 그러다가 눈을 뜨면 언제나 독일이다.

　자르 강은 평야를 가로질러 흐르기도 하고, 때론 구릉을 따라 굽이치기도 하고, 산을 끼고 계곡을 지나기도 한다. 산악 지대를 지날 때 산 정상에서 십자가도 가끔 보이고 작은 교회도 보였다. 지금은 비어 있는 허름한 건물이지만 역사가 꽤 오래된 것 같았다. 누가 그 옛날 높은 산에 올라가 교회를 세운 것인지. 신에게 조금이라도 다가가고자 하는 인간의 염원이 저리도 간절했던 모양이다. 늦가을 산에는 앙상하게 가지만 남은, 여름내 가려져 있던 침엽수들이 겨울 산을 지키기 위해 모습을 드러낸다.

　999년 카이저 오토 3세가 당시 왕의 소유지였던 자라브루카(sarabrucca) 지역을 주교에게 선물하면서 자르브뤼켄(Saarbrücken) 1000년의 역사는 시작된다. 유명한 건축 마이스터 프리드리히 요아힘 스텡겔(Friedrich Joachim Stengel)의 18세기 바로크 건축양식은 지금도 곳곳에 남아 도시의 품격을 지켜 주고 있다. 프리드리히 요아힘 스텡겔은 현재의 자르브뤼켄 도시 지도의 기초 작업을 했다고 할 정도로 자르브뤼켄 건축사에 없어서는 안 될 건축가다.

　늦가을에 찾아간 자를란트(Saarland) 주의 중심 도시 자르브뤼켄에서 지역민들의 인내를 보았다. 긴 세월 이웃 프랑스와 국경을 마주하고 살

자르브뤼켄의 루트비히 교회는 함부르크의 미헬과 드레스덴의 프라우엔 교회와 함께 독일에서 중요한 바로크 양식의 건물이다

았으니 그들이 겪었을 인고의 세월은 짐작되고도 남는다. 이곳 사람들은 특유의 열정과 인내로 오늘날까지 자신들의 땅과 문화를 지켜냈다.

이 도시는 200년 전부터 프랑스와 여러 번의 영토 전쟁을 치르면서 수도 없이 훼손과 전복을 반복해 왔다. 그러다가 1957년부터 정식으로 독일연방공화국에 편입되어 오늘에 이르렀다. 지금도 언어 습관이나 문화, 사람들의 성격에 프랑스의 흔적이 남아 있는 지역이다. 특히 음식과 와인 문화 등에 프랑스 취향이 많이 나타난다고 한다.

자르브뤼켄은 '카스텔룸 자라브루카(Castellum Sarabrucca)'라는 이름으로 사람들에게 불리기 시작하면서, 17세기 르네상스의 화려한 건축 기법과 기술이 전해져 오는 자르브뤼커 성(Saarbrüker Schloss)을 중심으로 발전했다. 스텡겔 시대에 지어진 자르브뤼커 성은 여러 번의 전쟁으로 건물의 일부분이 불타거나 허물어지는 등 부침의 역사를 간직하고 있다가, 1989년 유명한 현대 건축 예술가인 고트프리트 뵈엠(Gottfried Böhm)을 만난다. 그에 의해 자르브뤼커 성은 옛 기법을 보존하면서 유리와 철근을 이용한 아름다운 건축물로 재탄생했고, 현재 관공서와 대회의장, 전시장으로 이용되고 있다.

여기에 15세기에 지어진 후기 고딕 양식의 교회가 있다. 이 교회는 1743년 스텡겔에 의해 바로크 양식의 탑이 증축되었다. 제2차 세계대전 때 많은 부분이 훼손되었으나 1950년대에 복원되어 오늘에 이르렀다. 자르브뤼켄의 루트비히 교회(Ludwigskirche)라는 이름의 이 건물은 동시대에 지어진 스텡겔 건축의 정수라 할 수 있고, 함부르크의 미헬(Michel)과 드레스덴(Dresden)의 프라우엔 교회(Frauenkirche)와 함께 독일

1897년부터 3년에 걸쳐 유명한 건축가 게오르크 하우베리서에 의해 지어진 자르브뤼켄 시청

바로크 양식의 바질리카 성 요한 교회의 문 장식

에서 가장 아름다운 바로크 건축물로 유명하다. 제2차 세계대전 때 산산이 파괴되었으나 전쟁 후 원형 그대로 복원되어 바로크 예술의 우아함을 전하고 있다.

독일 도시를 여행할 때는 가장 먼저 찾아가는 곳이 시청이다. 시청은 도시의 가장 중심에 위치하고 있고, 또 여행에 관한 정보를 쉽게 얻을 수 있기 때문이다. 그런데 그것보다 더 중요한 이유가 있다. 독일 도시의 대다수 시청 건물은 그 도시의 역사를 증언하는 상징성을 지니고 있다. 자르브뤼켄 시청도 기대를 저버리지 않았다.

바로크 양식의 바질리카 성 요한 교회

자르브뤼켄 시청은 1897년부터 1900년까지 3년에 걸쳐 뮌헨, 비스바덴(Wiesbaden) 시청과 함께 유명한 건축가 게오르크 하우베리서(Georg Hauberisser)에 의해 지어졌다. 건물 중앙은 54m의 높은 탑이 중심을 잡고 있으며, 그 탑에 걸려 있는 대형 시계는 하루 두 번 15시 15분과 19시 19분, 시청 앞에 모여든 군중에게 아름다운 음악을 들려준다.

시청의 정면은 악에 대항하는 농부와 광부, 양조업자, 상인 등의 조각상으로 장식되어 있고, 건물 뒤쪽은 현대적인 신축 청사와 연결된다. 시청 중앙 홀은 1년에 1000여 쌍의 부부가 탄생하는 결혼식장으

1546년 카를 5세 때 건설된 알테브뤼케는 자아르 강을 사이에 두고 자르브뤼켄의 신구 시가지를 연결해 준다

로도 지역 주민들에게 사랑받고 있다.

자르브뤼켄의 전경을 한눈에 보기 위해서는 슐로스마우어(성벽)로 가야 한다. 자르 강 건너 높은 언덕에 위치한 슐로스마우어에 서면 구시가지와 신시가지의 모습을 한눈에 볼 수 있다. 슐로스마우어로 향하는 사람들이 반드시 건너야 할 다리는 자르브뤼켄에서 가장 오래된 알테브뤼케(Altebrücke)다.

1546년 카를 5세 때 건설된 이 다리는 자르 강을 사이에 두고 나뉜 구시가지와 루트비히 교회가 있는 마크트 광장을 연결해 준다. 슐로스마우어가 지척에 보이는 알테브뤼케에서 사람들은 목적지를 잠시

자르브뤼켄 슐로스마우어에 걸려 있는 구두쇠 빵 장수 조각상

잊은 듯 화려한 조각상과 주변 경관에 눈길을 빼앗긴다.

화려한 알테브뤼케를 뒤로하면 바로 슐로스마우어의 높은 담장이 나타난다. 도시를 조망할 수 있다는 것 이외에 특별히 볼거리가 없는 이 담장을 사람들이 많이 찾는 이유는 유명한 일화가 전해져 오기 때문이다. 높고 밋밋하기만 한 슐로스마우어 벽에 입을 벌린 사람의 머리 형상을 한 배수관이 걸려 있다. 왜 하수도 입구를 머리 모양으로 만들었을까?

아주 먼 옛날 자르브뤼켄 지역이 흉년과 함께 기근에 허덕이고 있을 때 구두쇠 빵 장수가 살고 있었다. 그는 배가 고파 구걸을 하러 온 가난한 사람들에게 빵을 나누어 주기는커녕 문 앞에서 입에 담지 못할 욕을 하면서 쫓아내곤 했다. 또 자기 마음에 드는 여인이 찾아오면 빵을 주는 대가로 사랑을 요구하는 등 갖은 못된 짓을 일삼았다고 한다. 어느 날 이 사실을 알게 된 한 귀족 부인이 걸인의 행색을 하고 빵 장수의 집 앞에서 구걸을 했다. 빵 장수는 이를 눈치채지 못하고 빵을 주는 대가로 부인에게 사랑을 요구했다. 다음 날 그는 그 벌로 기둥에 묶이게 되었고 며칠 후 처형되었다. 부자가 죽자 사람들은 그의 머리를 닮은 돌을 깎아서 하수도 배수구로 만들어 슐로스마우어에 걸어 두고 그 악덕을 널리 전해 후대의 교훈으로 삼았다고 한다.

기차역 건설을 반대하는 슈투트가르트 사람들

메르세데스 벤츠의 본사가 있는 도시, 세계적인 명품 차 벤츠의 역사를 한눈에 보여 주는 웅장한 자동차 박물관이 자리 잡고 있는 슈투트가르트(Stuttgart). 벤츠의 고장답게 자동차와 관련된 현대식 건물들이 도시의 산업화를 상징하듯 눈에 들어온다. 하지만 독일은 어디를 가도 현대식 건물이 도시 전체를 점령하지는 못한다. 시내 중심 거리의 건물은 새 건축물이라도 대부분 전후인 1950년대에 신축되었거나 전쟁에서 살아남은 집을 그대로 보수해서 사용하고 있다.

그중에서도 슈투트가르트 중앙역은 기차를 타고 슈투트가르트를 방문하는 여행객들이 반드시 거쳐야 할 명소로, 지은 지 100년 가까이 된 건물이다.

1846년, 첫 번째 기차가 기적을 울리며 출발하면서 문을 연 슈투트가르트 중앙역은 1914년부터 1928년까지 확장되고 증개축하면서 현대적 모습을 갖추어 오늘에 이르렀다. 제2차 세계대전 당시 철로의 많은 부분이 파괴되고 훼손되었지만 전쟁 후 말끔하게 수리해 바덴뷔르템베르크 주의 교통의 요충지로서 그 역할을 다하고 있다.

기원후 90년, 네카어 강을 끼고 발전하기 시작한 슈투트가르트는 독일에서 여섯 번째로 큰 도시로 성장했고, 현재 인구 60만이 거주하는 바덴뷔르템베르크 주의 행정 중심 도시다. 지난 수년간 이 도시는 대규모 건설 프로젝트 때문에 시끄러웠다. 이 공사는 벤드링엔(Wendlingen)과 울름(Ulm)을 잇는 철도 구간을 재정비하는 작업으로 '슈투트가르트 21'이라는 이름으로 세간에 알려져 왔다. 그런데 사람들의 관심사는 편리하고 세련된 현대식 신청사에 있는 것이 아니었다.

1995년부터 초안이 만들어지면서 논의가 거듭되어 온 이 프로젝트의 가장 중요한 부분은 중앙역을 지하로 통하도록 하고 역사 주변의 모든 시설물을 재정비하는 작업이었다. 2010년 2월부터 공사가 시작되기는 했지만, 중앙역사를 훼손하고 주변 자연경관을 침해하는 '슈투트가르트 21'의 공정에 반대하는 시민들의 시위가 끊이지 않아 순조롭게 진행되지 못했다. 특히 시 중앙에 위치한 공원인 슐로스가르텐이 손상되는 것에 대한 반대가 극심했다. 자연을 훼손하면서 편리를 추구하는 시설을 세우는 것을 용납할 수 없다는 이유였다.

슈투트가르트 시민들이 이 공원을 보호하려는 이유를 가만히 살펴보면 독일인들이 가장 중요하게 생각하는 가치가 무엇인지 엿볼 수

지은 지 100년 된 슈투트가르트 역 정비 프로젝트는 시민들의 반대로 계속해서 난항을 겪고 있다

있다. 그들은 "슐로스가르텐은 100년이 넘도록 슈투트가르트 성을 중심으로 발전해 온 도시의 심장과 같은 존재였고, 후세들의 교육을 위해서도 역사가 살아 숨 쉬고 있는 중요한 장소는 보존되어야 한다"라며 특히 "공원 곳곳에 숨 쉬고 있는 기품 있고 아름다운 고목들이 베여 나가게 할 수는 없다"라고 격렬하게 저항했다.

당시 풍랑의 한가운데 서 있던 볼프강 슈스터 슈투트가르트 시장의 고민과 반대하는 시민 연대의 목소리를 상징적으로 보여 주는 일화가 있다.

한 어린이가 시장에게 역사 건설을 중지해 달라는 내용의 편지를 보냈다.

"공원이 죽어 가고 있어요. 시장님, 기차역을 새롭게 지어 공원을 파괴하지 말아 주세요. 오래된 역사도 너무 아름답고 훌륭하지 않나요?"

슈스터 시장은 이 편지에 대한 다음과 같은 답장을 여러 달 동안 자신의 홈페이지에 올려놓음으로써 반대하는 시민들에게 거듭 이해를 구했다.

"공원의 나무를 걱정하는 여러분의 마음을 모르는 것은 아닙니다. 그 나무들은 우리 시의 공기를 시원하고 깨끗하게 정화하는 데 큰 역할을 하고 있다는 사실을 나도 잘 알고 있습니다. 이 나무들을 희생시키면서 새로운 역사를 짓는다는 것은 당연히 잘못된 결정입니다. 그러나 슈투트가르트와 전 유럽을 달리는 기차가 좀 더 빠르고 편안하게 하기 위한 어쩔 수 없는 선택이었습니다. 그 누구도 이 일을 흔쾌히 결정할 수는 없었을 것입니다. 나도 슐로스가르텐의 초원을 사랑합니다. 가족들의 휴식처인 그곳을 여러 해 동안 공사장으로 만든다는 것이 우선 화나는 일이지요. 그러나 지금의 중앙역도 100년 전, 여러분의 증조할아버지나 고조할아버지가 살아 계시던 시대에 어마어마한 공사장이었던 때가 있었습니다. 수많은 철로를 놓고 다리를 세워야 했지요. 현재 역이 있는 자리는 그 당시에도 나무들이 서 있던 자리였습니다. 그 나무들을 볼 수 있는 옛 그림들이 지금도 있지요. 그러나 오늘날 여러분은 역에서 어마어마한 플랫폼과 철로만을 볼 수 있습니다. 이것이 저 자신도 좋아 보이지는 않습니다.

그러나 새로운 역이 지어지는 2020년 즈음에는 그 수많은 철로는 필요 없게 됩니다. 또한 여러분이 사랑하는 현재의 역사도 당연히 잘 보존되어 있을 것입니다. 필요 없는 철로가 사라진 자리에는 많은 사무실과 주택을 짓고, 그 내부와 옥상에 정원을 만들겠습니다. 또한 그 자리에는 현대적인 건물뿐만 아니라 20ha 규모의 새로운 공원을 조성할 것입니다. 20ha입니다. 이것은 60여 개의 축구장과 같은 규모의 크기입니다. 만일 새 역을 건립하기 위해 200~300그루의 나무를 베어낸다면, 후에 철로가 없어진 자리에 5000여 그루의 새로운 나무를 심겠습니다. 중앙역 공사가 끝나면 여러분은 지금 철로가 있던 자리에 아름답게 조성된 공원을 산책할 수 있을 것입니다. 그때 여러분은 거추장스러운 철로의 방해 없이 지금보다 더 크고 넓은 슐로스가르텐을 뛰어다닐 수 있을 것입니다."

한 도시의 기차역 하나를 정비하는 데도 15년 동안 토론하고, 검증하고, 계획을 수정하고 또 수정하는 사람들이 독일인이다. 겨우 설계를 마치고 시작한 공사도 이렇게 난항을 거듭하고 있다는 사실이 인상적이었다. 홈페이지에 올려놓았던 슈스터 시장의 편지는 많은 것을 말해 주고 있다. 옛것을 소중히 여기고 자연을 지키려는 독일인들의 신념을 설득하는 일이 얼마나 어려운 과정인지.

공사가 시작되면서 프로젝트를 반대하는 시민들의 연대가 조직적이고 지속적으로 이어지는 와중에 지방선거가 있었다. 2011년 지방의회 선거에서 이 지역 민심은 그대로 드러났다. '슈투트가르트 21'의 반대 기류가 원전 문제와 함께 표심을 흔들어 독일 정치계에 지각 변동을 일으킨 것이다. 바덴뷔르템베르크 주 지방의회가 탄생한 후 58년

슈투트가르트 시민들의 휴식처인 슐로스가르텐

동안 집권하던 기민당(CDU)이 처음으로 진보 연정에 패하면서, 독일 정치사상 최초로 녹색당 출신의 주지사를 탄생시키는 이변을 일으켰다. 이 선거에서 사민당과 녹색당 연정이 승리하면서 소수 정당인 녹색당의 빈프리트 크레취만이 새로운 주지사로 취임했다. 녹색당이 1980년 창당한 이래 처음으로 한 주의 집권 정당으로 우뚝 서게 되었다. 슈스터 전 시장의 편지는 끝내 사람들을 설득하지 못했다.

이 선거에서 녹색당이 승리한 이유로 당시 세계적 이슈였던 일본 후쿠시마 원전 사고의 영향도 무시할 수 없었다. 바덴뷔르템베르크 주는 원전 사고 후 가장 신속하고 적극적으로 반핵운동에 불을 지폈고, 그 중심에는 슈투트가르트가 있었다.

일본 원전 사고와 독일의 핵 정치

원전 사고는 독일에서 지구를 반 바퀴나 돌아야 닿을 수 있는 나라 일본에서 일어났지만 정작 사고에 대한 위기의식은 독일 내에서 더 급박하게 퍼져 나갔다. 후쿠시마 원전 사고 후 독일 정치계와 언론, 국민들의 핵 정치에 대한 요구와 변화의 물결은 마치 한 편의 드라마를 보는 것처럼 때론 감동적이고 때론 충격적이기까지 했다.

후쿠시마 제1원전이 폭발하던 2011년 3월 12일, 슈투트가르트에서는 이미 6만여 반핵주의자들이 인간 사슬 시위를 벌이고 있었다. 네카어베스트하임 원자력발전소를 시작으로 빌라 라이첸슈타인까지 장장

45km에 걸쳐 남녀노소 불문하고 손에 손을 잡고 인간 띠를 만들었다. 주말에는 여행이나 가족 중심의 휴식을 중시하는 독일인이 귀중한 토요일 하루를 포기하고 구름처럼 모여들었다. 독일 뉴스 전문 채널 nTV는 하루 종일 일본 지진과 원전 폭발의 심각성을 알리는 특별방송을 내보냈다. 당초 주최 측은 시위 참여 인원을 4만 명으로 예상했으나 실제 시위에서는 2만 명이 더 늘어난 6만여 명이 거리로 쏟아져 나왔다. 예측하지 못한 2만 명이 당일 후쿠시마의 원전 폭발 소식을 전해 듣고 슈투트가르트로 달려간 것이다. 이 시위를 시작으로 원전 폐지 운동은 삽시간에 전국으로 퍼져 나갔다.

앙겔라 메르켈 총리도 기자회견을 통해 "확실한 안전장치를 갖춘 일본과 같은 선진국에서 이와 같은 사태가 일어났다는 것에 독일도 마음 놓고 있을 수 없다. 철저하게 안전 점검에 만전을 기해야 할 것"이라고 밝히기는 했지만 그녀의 더 큰 고민은 다른 데 있었다. 앙겔라 메르켈 연합 정부는 당시 2022년까지 원전 가동을 중단하기로 한 지난 정부의 핵 정책을 전면 파기하고 17개 원자력발전소의 가동 시한을 최장 14년까지 늘리는 법안을 통과시키고 나서 '전력 회사와 더러운 거래를 했다'는 비난을 받고 있었다. 엎친 데 덮친 격으로 반핵 열기가 일본 지진으로 더욱 고조되고 있으니 걱정이 이만저만이 아니었다. 그럼에도 불구하고 그녀는 기자회견 때마다 "원전의 안전에 대해서는 티끌만 한 실수라도 덮으려 하지 말고 숨겨서도 안 된다. 누구든 말할 수 있어야 하고 터부시해서는 안 된다"라고 강조했다.

한국 보수와 진보의 싸움은 여전히 이념과 돈이다. 가진 자와 못

가진 자, 사회주의와 자본주의, 또 최근에 등장한 보편적 복지와 선택적 복지 등이다. 그런데 당시만 해도 독일 진보와 보수의 가장 두드러진 대립은 진보를 대변하는 반핵주의와 보수파의 핵 찬성론 혹은 유보론이었다. 국민의 공감을 얻어내고 마음을 움직이는 데 핵만큼 뜨거운 감자는 없었다.

그런 독일인에게 후쿠시마 원전 사고는 강 건너 불이 아니었다. 사고 후 바로 독일은 비상시국에 돌입했다. 정부 각료는 주말도 반납하고 비상 회의를 진행했으며 2011년 3월 15일, 1980년 이전에 지어졌으며 독일에서 가장 오래된 일곱 개 원전이 가동 중지되었다. 후쿠시마 원전 폭발이 일어나고 사흘 만의 일이었다.

1960년 11월, 독일 바이에른 주 마인 강 옆에 위치한 칼(Kahl)이라는 도시에서 원자력발전소 1호가 가동되기 시작한 지 50년이 흘렀다. 그 50년 중 지난 30년은 반핵 투쟁의 역사이기도 했다. 독일인들의 구체적인 반핵 움직임은 1973년 세계적인 오일쇼크 이후 원자력발전소를 급속도로 증설하면서 시작되었다. 1970년대에서 1980년대 사이에 북미와 유럽에서 일어난 신사회 운동을 행동으로 옮기면서였다. 체계적이고 본격적인 반핵운동이 출발한 것은 1980년, 환경을 모토로 한 녹색당이 창당되면서부터였다. 현재 녹색당은 독일이 주축이 되어 유럽 전역에서 반핵운동의 구심점 역할을 하고 있다.

거센 반대에도 불구하고 뚝심 있게 핵 시설 가동을 밀어붙이던 앙겔라 메르켈 총리도 일본 원전 사고를 지켜보며 더 이상 버티지 못했다.

마침내 2011년, 연방 하원의회의 원전 폐지 표결에서 찬성 513석,

반대 79석으로 오는 2022년까지 원자력발전소를 전면 폐쇄하는 법안을 다시 통과시켰다. 독일 반핵운동은 대단원의 막을 내리고 승리의 깃발을 올리게 되었다.

비상하는 도시 베를린과 구동독

끔찍한 겨울밤 아우토반 운전

세상이 온통 면사포를 둘러놓은 듯 잠시나마 도시의 잿빛 우울들은 건조한 파편이 되어 날아간다. 사방으로 펼쳐진 지평선이 뒤덮인 눈 때문에 더욱 가까워진 느낌이 드는 계절. 독일의 겨울은 눈이 오지 않으면 비라도 추적추적 내리는 우기다. 안 그래도 낮이 짧아 일찌감치 집으로 숨어드는 사람들에게 비까지 장단을 맞추면 벗어날 수 없는 우울 속으로 빠져들기 쉽다. 여유만 좀 있다면 잠시 지중해 쪽으로 훌쩍 달아나고 싶어진다.

그렇게 비만 내리는 것보다는 눈이라도 오면 세상이 밝아져서 좋

속도제한 없는 아우토반에서 눈비 오는 겨울에 운전하다 보면 손에 진땀이 날 정도로 긴장하게 된다

다. 눈이 많이 내리는 겨울은 춥기는 하지만 음습하지 않아 살 만하다. 사람들의 표정도 활기찬 여름보다는 못하지만 한층 밝아진다. 그러나 눈이 오나 비가 오나 겨울은 겨울이다. 특히 이 나라에서는 겨울잠이라도 자고 싶다. 눅눅하고 음산한 날씨 때문인지 거리에 나가 봐도, 여행을 다녀도 좀처럼 기분 전환하기가 어렵다. 가장 좋은 겨울나기는 역시 집 안에서 가족과 함께 오순도순 부비며 보내는 것이다.

그런 겨울이 절정에 이르렀을 때 문득 겨울의 도시, 베를린이 보고 싶었다. 구체적인 계획도 없이 아이들과 함께 무작정 차를 몰아 베를린으로 향했다. 내가 사는 아헨에서 장장 여덟 시간이나 아우토반을 달려야 베를린이다. 가는 날부터 날씨는 내 편이 아니었다. 속도제한도 없는 아우토반에서 억수같이 쏟아지는 비에 적응하려고 안간힘을 썼지만, 날씨는 갑자기 진눈깨비로 바뀌다가 폭설이 내리기도 하는 등 정신을 차릴 수가 없을 정도로 변화무쌍했다. 핸들을 잡은 손에 자꾸만 힘이 들어가니 나중에는 어깨까지 뻐근했다. 아무리 세월이 흘러도 익숙해지지 않는 것은 아우토반에서의 밤 운전이다.

아우토반은 세계적으로 속도제한이 없기로 유명한 고속도로다. 시속 130km라는 권장 속도가 있지만 전체의 절반 정도 구간은 실제로 무제한이기 때문에 아우토반에 나오면 누구든 원 없이 속도를 낼 수 있다. 엔진의 성능을 평가받기에 아우토반만큼 좋은 시험장은 없는 것 같다.

독일은 미국 하이웨이(75,376km)와 중국(45,400km)에 이어 세계에서 세 번째로 긴 고속도로 네트(12,550km)를 형성하고 있다. '아우토반

(Autobahn)'이란 이름이 처음으로 등장한 때는 1929년이며, 첫 번째 아우토반은 1932년 쾰른과 본을 연결한 20km 길이의 A555 도로로 현재도 존재한다. 당시 이미 속도제한이 시속 120km를 기록했다니 가히 그 오랜 역사를 짐작하고도 남는다.

긴 역사만큼 자부심도 강해선지 아우토반에서 독일인들은 더욱 당당하게 그 기질을 드러낸다. 평소에는 그렇게 조용하고 차분해 보이던 사람들이 고속도로에서 핸들만 잡으면 카레이서가 된다. 독일인들이 제일 떠벌리기 좋아하는 자랑 중의 하나가 자동차 속도다. 너도나도 자기 차가 제일 빠르다고 자랑이다. 시속 220km까지 달린다는 사람이 적지 않은 것으로 봐서 자동차의 왕국답게 좋은 차를 많이 타기는 하는 것 같다.

고속도로에 나왔으니 모처럼 속도 한번 내 보려고 추월선에 들어서는 순간마다, 바로 쌩 하고 날아와 코를 들이대고 깜박이는 뒤차 때문에 당황스러울 때가 한두 번이 아니다. 앞도 봐야 하고 뒤차도 봐야 하고 끼어들 옆 차선도 봐야 하니 신나게 속도를 내 보기는커녕 어디로 가야 할지 당황해서 쩔쩔매기 일수다. 세월이 지나도 속도는 여전히 그 장단이지만 당황하지 않을 정도는 되어 가는 것을 보면 제법 익숙해지기는 하는 것 같다.

그런데 속도만 문제가 아니다. 아마 세계에서 가로등 없는 고속도로 또한 아우토반이 유일하지 않을까 싶다. 국경을 인접한 어떤 나라를 가도 고속도로에 가로등이 없는 곳은 독일밖에 없다. 벨기에나 네덜란드에 볼일이 있어서 나갔다가 늦게 돌아오는 날은 국경을 통과하면서 고속도로의 빛이 일순간에 사라지는 이색적인 과경을 볼 수 있다.

가로등이 환하게 밝혀 주는 고속도로를 콧노래를 부르며 상쾌하게 달리다가 갑자기 칠흑 같은 어둠 속으로 성큼 들어서면 정신이 번쩍 든다. 바로 국경을 지나 독일로 접어든 것이다. 그때부터는 콧노래는커녕 허리를 직각으로 세우고 바짝 긴장해야 한다. 앞뒤 분간하기도 어려운 어둠 속을 자동차 불빛에 의지해서 달리다 보면 나처럼 만년 초보는 모골이 송연해지면서 이마엔 진땀까지 날 정도다. 만약 앞서 가던 차를 놓치기라도 하면 재빨리 전조등을 밝히고 눈을 더 크게 떠야 한다. 그러다가 또 쌩 하고 지나가는 옆 차 운전자가 눈이 부실까 봐 전조등을 꺼 주었다가, 그 차가 순식간에 멀어지면 또다시 켜는 일을 계속 반복하다 보면, 가슴은 쿵쾅쿵쾅, 눈은 점점 더 커진다.

속도제한이 없는 것까지는 적응이 좀 되는 것 같은데, 가로등 없는 고속도로는 지금까지도 도저히 이해할 수 없다. 과학적으로 뭔가 의미가 있는 것인지, 아니면 전기를 절약하기 위해서인지, 고속도로 이용료를 내지 않으니 알아서 살아 나가라는 소리인지.

그런데 그것보다 더 무시무시하고 살벌한 운전은 가로등도 없고 속도제한도 없는 아우토반을 비바람이 몰아치는 밤에 달리는 일이다. 베를린으로 향하던 날 밤이 그랬다. 오후부터 밤 10시까지 여러 번 지옥과 천국을 오락가락하며 간신히 목적지에 도착했다.

얼어붙은 도시, 그러나 역동적인 베를린

　베를린에 내린 눈은 좀처럼 녹지 않았다. 오후가 되어 약간이라도 기온이 올라가면 축축해지는 듯하다가 바로 다음 순간에 다시 얼어붙곤 한다. 베를린 사람들은 화창한 날씨를 기다리는 것이 아니라 불편함이 없을 정도만이라도 좀 풀렸으면 하면서 겨울을 보낸다고 한다.

　그나마 독일 중에서도 따뜻한 중부 지역에서 생활하다가 북쪽으로 가니 세상이 얼어붙은 느낌이었다. 겨울이 기승을 부리던 12월의 베를린은 온통 흰색이었다. 눈이 내린 지 며칠이 지났지만 올라가지 않는 기온 때문에 어디를 가도 좀처럼 빈틈이 보이지 않을 정도로 단단

단독주택에 살면 겨울엔 반드시 자기 집 앞 인도의 눈을 쓸어야 한다

했다.

　사람들의 옷은 남쪽보다 더 두꺼워져 있고 모자에, 목도리에, 장갑에, 부츠에 몸을 숨기고 눈만 반짝반짝 빛났다. 모두가 정지된 것처럼 보이지만 주택가 골목엔 여느 독일 도시와 마찬가지로 열심히 눈을 쓸고 있는 사람들이 보였다.

　갑자기 피식, 웃음이 났다. 처음에는 눈을 청소하는 독일인들의 모습에 얼마나 감동했던가. 독일에서 단독주택에 살면 자기 집 앞 인도의 눈을 쓰는 일은 필수다. 필수라 하더라도 무조건 필수는 아니다. 거기엔 중요한 이유가 있다.

　이 사람들은 눈이 오면 가장 빠른 시간 안에 집 앞 인도를 말끔히 쓸고 소금까지 뿌려서 미끄러지는 것을 철저히 방지해 두곤 한다. 처음엔 이들의 이런 부지런함에 감탄했다. 게다가 자신의 집 앞을 지나가는 행인이 미끄러져 넘어지는 것까지 배려하는 따뜻한 마음을 보고는 '역시 선진국이라 다르긴 다르구나!'라며 존경스럽기까지 했다.

　예전에 살던 동네에서는 한동안 눈이 오면 언제나 우리 집 앞길만 하얗게 덮여 있곤 했다. 처음엔 무심코 지나쳤지만 회를 거듭하니 은근히 창피한 생각이 들어 겨우겨우 쓰는 시늉이라도 내곤 했다. 또 저녁 시간에도 어둑어둑한 길을 열심히 쓸고 있는 이웃들을 내다보고는 '이제 곧 밤이야, 밤에는 보는 사람도 없는데……'하며 슬쩍 지나치기도 다반사였다.

　그런데 몇 년을 그리 건성건성 눈 청소를 하다가 어느 날 이웃에게 놀라운 이야기를 듣게 되었다. 독일에서는 자기 집 앞 눈을 쓸지 않아

크리스마스를 즈음한 겨울의 베를린 시내

서 지나가던 행인이 미끄러져 사고가 날 경우 그 책임을 집주인이 전적으로 져야 한다는 것이다. '아이고, 이게 웬 날벼락인가!' 그동안 사고가 없었던 것을 천만다행으로 생각하며 그때부터 우리도 눈이 내리기 무섭게 집 앞을 싹싹 쓰는 버릇이 생겼다. 쓰는 것만으로는 불안해서 소금까지 뿌렸다. 그야말로 부지런하고 남을 배려할 줄 아는 독일식 존경스러운 이웃이 된 것이다.

이 나라에 사는 동안 이런 비슷한 경험을 종종 했다. 그때마다 감탄하는 것은 남을 먼저 생각하는 이타심이 아니라, 함께하는 사회를 위해 필요한 규율을 작은 것까지 개인의 도덕에 맡기지 않고 법으로 규정지어 놓은 세밀함이다. 또 아무리 보잘것없는 작은 법이지만 법을 무서워하고 지키려고 노력하는 사람들이 놀랍다. 개인주의가 만연한 이 사회를 모두가 함께할 수 있는 살 만한 나라로 만들어 주는 근간이 바로 엄격하고 주도면밀한 이들의 법이요, 또 그 법을 말없이 지켜 주는 사람들의 준법정신이다.

아무리 유명한 관광지라도 겨울이 되면 독일은 휴면기다. 좀처럼 해를 구경하기 힘든 우울한 날씨 때문인지 밖으로 나도는 사람을 만나기가 쉽지 않다. 여름이면 노천카페에 줄줄이 나와 하하 호호 웃던 사람들은 모두 어디로 사라진 것인지 카페 안을 들여다보아도 손님이 별로 없어 쓸쓸하다.

그러나 베를린은 그런 독일 도시들과 사뭇 다른 모습이었다. 세계적인 유명세 때문인지 브란덴부르크 문 앞의 광장이나 국회 건물 앞에는 세찬 바람에 맞서 사진기를 들고 종종거리는 적지 않은 인파를

볼 수 있었다. 사진 몇 컷을 남기기 위해 그 속에 끼어 서성거리는 일이 그렇게 어색하지 않았다.

13세기에 처음 등장한 도시 베를린은 독일의 역사 속에서 여러 차례 심장부 역할을 수행해 왔다. 현대에 이르러 동베를린 지역은 통일 전에도 계속 동독의 수도였지만, 고립된 섬으로 남아 있던 서베를린은 잠시 행정 중심지의 역할을 잃을 수밖에 없었다. 통일이 될 때까지 서독의 행정 중심이 본으로 옮겨 갔다가, 1990년에 다시 베를린이 통일 독일의 수도로 옛 권위를 되찾았다.

예전의 영화를 다시 찾은 베를린은 문화와 정치, 언론, 학문 등 모든 영역에서 막강한 영향력을 행사하고 있다. 유럽 교통의 중심지면서 세계적인 대학과 연구소, 박물관이 있고, 유럽 대륙에서 관광객이 가장 많이 찾는 명소이기도 하다. 현재 12개의 자치구에 인구 340만이 살고 있는, 독일에서 가장 인구가 많고 면적이 넓은 도시다.

1989년 11월 9일, 현대사의 커다란 수레바퀴를 움직이는 구심점이 된 베를린. 마침내 동서를 가르며 길게 연결된 장벽은 무너지고 냉전은 종식되었다. 독일의 통일로 세계에서 유일한 분단국으로 남아 있게 된 한국인에게도 의미심장한 변화였다.

1945년 세계대전의 종식과 함께 동서로 나뉜 후 반세기 가까이 잠자던 이 도시가 기지개를 켜고 움직이기 시작한 지 20년이 지났다.

20년 전 헬무트 콜 총리는 굳게 닫혔던 서베를린의 브란덴부르크 문을 열고 동베를린으로 건너가 역사적인 샴페인을 터트렸다. 그의 발걸음은 정지된 베를린에 활기를 불어넣으며 꿈틀거리게 만들었다.

역동적인 베를린의 서막이 열리기 시작한 것이다.

수많은 베를린의 역사를 안고 있던 브란덴부르크 문은 이번에도 평화의 상징으로 또 하나의 시대를 증언하며 그 자리를 지키고 있었다. 18세기에 프리드리히 빌헬름 2세에 의해 축조된 이 문은 히틀러의 나치군이 군사 퍼레이드를 벌이던 곳이었고, 전쟁이 끝나면서 연합군이 팡파르를 울리던 장소이기도 하다.

베를린 곳곳마다 아직도 마무리되지 않은 공사들이 산재해 있고, 하늘을 향해 치솟은 고층 건물들은 현대 건축 디자인의 정수를 보여준다. 그 고층 건물들 사이사이로 직각으로 뻗어 올라간 하늘을 바라보면, 이 도시의 아물고 있는 상처와 화려한 미래의 숨소리가 들리는 듯하다.

베를린의 밤은 익숙한 독일이 아니었다. 밤에도 살아 있는 도시, 얼마 만에 느껴 보는 사람 냄새인가! 한국을 떠나면서 잊고 살았던 밤거리를 떠도는 사람, 사람, 사람들. 불이 꺼지지 않은 고층 건물, 술집과 카페, 무엇보다 반가운 것은 늦은 시간에도 거리를 활보하는 사람들이 보인다는 사실이었다.

통일 직전과 비교하면 이 도시의 외형은 단기간에 초고속으로 변해버렸다. 그러나 그런 변화의 소용돌이 속에서도 아픈 상처들을 지우지 않고 간직하려는 노력이 곳곳에 보인다. 상처를 지우는 것이 아니라 더 드러내어 곱씹으며 잊지 않으려 한다. 베를린, 아니 독일의 저력은 언제나 여기에 있다. 부끄러운 과거를 숨기려 하지 않고, 왜곡하지 않고, 그대로 인정하며 비판하고 보존하려는 노력 말이다.

베를린의 독일 국회의사당(위)과 수많은 베를린의 역사를 증언해 주는 브란덴부르크 문(아래)

동베를린과 포츠다머 플라츠

　서독 지역에서 오랜 세월을 살다 보면 막연하게 구동독에 대한 선입견을 가질 수밖에 없다. 경제도 물론이지만 종종 텔레비전 뉴스에도 등장하는 신나치주의자들이 서슬 퍼렇게 활보하고 있는 곳이기 때문이다. 특히 극우주의자들이 우글거리는 구동독 지역은 독일 내의 분위기를 잘 알고 있는 외국인들에게는 그리 환영받는 여행지가 아니다.

　베를린에 가기로 결정한 뒤 제대로 된 정보도 없이 싸게 보이는 호텔을 미리 예약하고 출발했더니 이게 웬일인가. 가면서 확인하니 호텔이 있는 지역은 베를린 중심에서 20분이나 동쪽으로 들어가야 했다. 바로 동베를린이었다. "여긴 위험한 곳인데……." 생각할 겨를도 없이 순간적으로 입 밖으로 튀어나온 말이었다. 베를린 외곽을 순환하는 10번 아우토반을 타고 호텔이 위치한 호펜가르텐으로 가는 길은 10년 넘게 보아 온 익숙한 독일이 아니었다.

　대부분의 독일 도시들은 약간씩 역사가 다르고 문화적인 차이가 있지만 전체적인 그림은 비슷하다. 도시 중심은 오래된 건물들을 깨끗하게 보수해서 옛 모습을 그대로 유지하고 있고 외곽 지역은 깔끔한 주택가가 질서 정연하게 늘어서 있다. 몇백 년이 훌쩍 넘은 건물 안에 들어선 최첨단 시설물이 어울리지 않을 것 같으면서도 묘한 조화를 이루는 것이 독일 도시들의 모습이다.

　그러나 동베를린은 그런 모습의 독일이 아니었다. 아우토반을 나와서 호텔까지 가는 동안 많은 생각이 지나갔다. 동서가 통일한 지 이

동베를린과 서베를린의 경계를 분명하게 보여 주는 포츠다머 플라츠. 철거하지 않고 남아 있는 베를린 장벽이 예술 작품으로 변모했다

미 20년이 지났다. 20년 동안 독일 정부는 구동독을 위해 1조 6000억 유로라는 어마어마한 통일 비용을 들였다고 한다. 경제 대국이란 말이 허무할 정도로 한동안 독일은 심한 금전적 출혈로 맥없이 휘청거렸다. 그런데 그 모든 돈은 어디로 간 것인지 차창 밖으로 보이는 동베를린은 여전히 패망한 공산주의의 그림자가 드리워져 있었다.

 손질한 흔적이 전혀 없는 건물 벽은 군데군데 금이 가고 칠이 벗겨져서 궁핍함을 드러내고 있었다. 가난은 나라님도 막지 못한다고 하더니, 정상을 찾으려면 아직 더 많은 세월이 필요한 것인지. 찾아간 호텔은 동독에 있었지만 지은 지 얼마 되지 않아 주변 건물들에 비해 깨끗하고 정갈했다. 호텔 직원들은 생각과는 달리 모두 똑같은 독일인이다. 길을 묻는 이방인에게 언제나처럼 상냥하고 친절한 사람들을 보면서 괜한 걱정을 한 것 같아 머쓱했다. 동독이 위험하다는 사람들은 대체 뭘 보고 말한 것인지, 잠깐 묵고 가는 여행객에게는 피부에 와 닿는 말은 아니었다.

호펜가르텐에서 20분간 차로 달리면 베를린 중심지인 포츠다머 플라츠(Potsdamer Platz)에 도착한다. 호텔에서 포츠다머 플라츠까지 16km 구간에서 변화하는 동베를린을 한눈에 볼 수 있었다. 동베를린 외곽 지역의 허름하고 초라한 건물들이 하나둘 사라지기 시작하면 시원하게 뚫린 프랑크푸르터알레 길이 나타난다. 시내에 가까워질수록 단조로우면서도 웅장하게 지어진 상가 건물들이 이열 종대로 도열해 길을 열어 준다. 비슷한 색을 입힌 비슷한 건물들이 노동자의 합창처럼 지나치게 규칙적으로 서 있는 모습에서 과거 이 거리가 공산주의 체제가 숨 쉬던 곳이었다는 사실을 확인할 수 있다.

그 길은 베를린 장벽이 서 있던 포츠다머 플라츠까지 이어진다. 호펜가르텐에서부터 지나온 길을 뒤로하고 오른쪽에 포츠다머 플라츠를 끼고 앞을 바라보면 갑자기 모든 규칙이 무너지면서 자유의 땅, 서베를린의 화려한 무질서가 시작된다. 기념비처럼 남겨진 장벽이 차가운 전쟁의 흔적을 말해 주고 있기도 하지만, 차를 몰고 정신없이 낯선 도시를 달리면서도 바로 알아차릴 수 있었다. 그곳이 동베를린의 끝이자 서베를린의 시작점이라는 사실을. 바로 눈앞에 펼쳐진 육중한 무질서와 자유가 경계를 말해 주고 있었다.

포츠다머 플라츠는 과거 미국과 영국, 소련의 경계가 만나는 삼각 지점이라는 뜻에서 드라이랜더액이라고 불렀던 곳이다. 1945년, 나치가 연합국에 항복하면서 독일은 미국, 영국, 프랑스, 소련 4개국이 분할통치하게 된다. 이에 따라 베를린 역시 4개국이 분할해서 점령한다. 1947년 4개국 외무장관 회의가 결렬되고 소련이 독일관리이사회에서 탈퇴하면서 동·서독은 분단이 고착화되었다. 그 후 동독에서 자유를 찾아 서쪽으로 탈출하는 사람들이 갈수록 많아지자 동독 정부는 동서 베를린 사이에 장장 40km에 달하는 높은 장벽을 쌓았다. 1989년 통일과 함께 철거되기 전까지 이 장벽은 동서 냉전의 상징이었다.

예전 이 지역은 포츠담(Potsdam)과 베를린을 잇는 교통의 요충지로 유럽에서 가장 혼잡하고 활발했던 곳이었지만, 냉전 시대의 회오리 속에서 화려한 모습은 흔적도 없이 사라졌었다. 그러나 통일과 함께 다시 개방된 포츠다머 플라츠는 유럽의 중심으로 비상하고 있다. 이곳에 가면 저명한 이탈리아 건축가 렌초 피아노(Renzo Piano)의 수려한 건축술을 감상할 수 있으며, 독특하고 화려한 건축양식으로 세계적으로 유명한 소니 센터, 자동차 회사인 다임러크라이슬러(Daimler-Chrysler) 건물을 볼 수 있다. 포츠다머 플라츠는 이제 초현대식 도시 건축이 숨쉬고 있는 통일 베를린의 심장이다. 수많은 영화관과 영화박물관 등을 찾는 관광객이 1년 내내 끊이지 않는 명소이기도 하다.

통일 후 활발하게 변화하던 베를린은 유럽 통합으로 급격한 물살을 타고 가속도를 내고 있었다. 시린 과거를 보듬고 강건한 현재를 딛고 미래를 향해 날개를 펼치고 있었다. 그런 역동적 흐름 속에 베를린 사람들의 추억과 꿈도 함께 꿈틀거렸다.

"너 인종주의자니?"는 큰 욕

"독일에서도 인종차별이 있습니까?" 트위터나 블로그 댓글을 통해 이런 질문을 자주 받는다. 15년 동안 독일에 살아온 나의 경험에 의하면 이 나라에도 분명 인종차별이 있다. 특히 구동독 지역은 심심하면 한 번씩 외국인을 상대로 한 네오나치의 범죄가 이슈화되곤 해서 독일인들도 우범 지역으로 꼽을 정도다.

어쩌면 미국보다 더 심할지도 모른다. 미국은 이민국이기에 정확히 누가 주인이라고 할 수 없으니 차별이라면 유색인종과 백인 간의 갈등이지만 독일이란 나라에서는 스스로 이 땅의 주인이라고 생각하는 사람들이 외국인에게 텃세를 부린다. 아마 한국인과 비슷한 시각인 것 같다. 게다가 이슬람이나 아시아인, 아프리카인을 무시하는 경향이 있는 것도 엄연한 사실이다.

겉으로는 반민족주의를 내세우고 있지만 한국이나 일본처럼 독일인들도 피를 중시하는 민족이다. 공식적인 자리에서는 절대로 애국심을 전면에 내세우지 못할 정도로 철저하게 교육받은 사람들이지만 마음 깊은 곳에 있는 민족에 대한 우월감과 외국인을 무시하는 마음, 또 기득권을 빼앗길지 모른다는 위기와 피해의식은 어쩌지 못하는 것 같다.

그러나 그런 생각이 잘못이라는 것은 어린아이부터 노인까지 모르는 사람이 없다. 인종차별과 관련해 이야기하니 작은아이를 낳았던 2000년도에 있었던 씁쓸한 경험이 떠오른다.

젖먹이 아이를 집에 두고 급히 대형 마켓에 들렀다. 아이 때문에 마음은 조급한데 계산대에 줄이 너무 길었다. 계산대 앞에 빵집이 있기에 시간을 조금이라도 절약하려고 기다리는 동안 빵을 먼저 사고 다시 줄을 섰다.

계산대에 있던 여직원이 왔다 갔다 하는 나를 보고 의심을 했던 것 같다. 한참을 기다려서 겨우 계산을 하려고 하는데 가방을 열어 보라는 것이다. 왜 그러냐고 물으니, 이 슈퍼마켓엔 가방을 들고 들어와서는 안 된다는 것이었다. 대부분의 사람들이 가방을 들고 있었기에 억지라는 것을 금방 알 수 있었다.

이 여직원은 외국인에 대해 심한 반감을 가진 사람이었던 것 같았다. 여러 사람 앞에서 이 아시아인을 망신 주기로 작정한 것처럼 보였다. 옥신각신 말싸움을 하다가 뒤를 돌아보니 파란 눈의 사람들이 죽 늘어서서 우리를 지켜보고 있었다. 재미있는 구경거리가 생긴 것이다. 창피하기도 하고 빨리 그 순간을 모면해야겠기에 가방을 내어 주었다. 가방을 열어 보고는 별일 없자 당연하다는 듯 미안하다는 사과도 없이 여직원은 자기 할 일을 계속했다.

그러나 정의감이 팔팔하게 살아 있는 30대에 그런 일을 그냥 지나칠 내가 아니었다. 가방을 돌려받자 지점장을 불러 달라고 했다. 뭔 쌩뚱 맞은 소리냐는 얼굴로 빤히 쳐다보는 여직원에게 "당신과는 더 이상 이야기하고 싶지 않으니 윗사람을 만나겠다"고 했다. 황당하고 우습다는 표정의 여직원은 고개를 획 돌리며 "안내에 가서 알아보든지……"라며 불친절하게 대답했다.

안내원에게 점장을 불러 달라고 하니 바로 달려왔다. 40대 초반 정도로 보이는 정장 차림의 지점장이 "무엇을 도와 드릴까요?"라며 깍듯하게 인사했다.

"오늘 나는 계산대에서 당신 직원의 강요에 의해 가방을 열어 보였어요. 직원이 고객의 가방을 열어 볼 수 있는 겁니까? 그건 분명 법에 어긋나는 일입니다. 당장 와서 사과하지 않으면 외국인을 농락한 죄로 경찰을 부르겠어요."

점장은 계산원을 사무실로 불러 물었다.

"당신이 정말 이 손님 가방을 열어 보았습니까?"

점원은 대답도 제대로 못하고 얼굴만 벌겋게 달아올라 "저 사람이 왔다 갔다 해서 의심스러워서 그랬다"라고 얼버무렸다.

당시 내가 싸우는 방법은 한국식이었다. 지금 생각해도 좀 부끄럽다. 핵심적인 쟁점은 벗어나 내 자존심에 상처를 입힌 그녀에게 똑같이 갚아 주고 싶어 이렇게 포문을 열었다.

"당신은 계산대에 앉아서 돈 받는 일을 하면서 그와 관계된 기본적인 법도 모릅니까? 그 정도는 알고 있어야 되는 거 아닌가요? 난 외국인인데도 당신 나라 법을 알고 있어요. 당장 사과하지 않으면 난 여기서 한 발짝도 나갈 수 없습니다. 당신 잘못을 인정하고 사과하세요."

점장도 이야기했다.

"당신은 손님 가방을 열어 볼 권리가 없어요. 당신이 잘못한 겁니다."

그런데 이 점원이 절대 사과는 못하겠다고 고집을 부리는 것이다. 점점 화가 난 나는 점장을 바라보며 "봤습니까? 사과를 못한다는데 난 사과를 받기 전에는 한 발짝도 못 움직이겠어요"라고 말했다.

지점장은 "우리 직원이 당신 가방을 열어 볼 권리도 없지만 내게도 직원에게 사과를 강요할 권리는 없습니다. 사과는 개인적인 일이기 때문이지요"라는 독일인다운 변명을 했다. 그때만 해도 이런 독일인의 대응 방식을 이해할 수 없어 어이가 없고 불쾌했다.

"그렇다면 나보고 그냥 가라는 말입니까? 난 절대 갈 수는 없어요. 경찰을 부르면 크게 죗값을 치를 일은 아니겠죠. 그 정도는 나도 잘 알고 있어요. 명예훼손으로 고소할 생각도 없습니다. 난 돈이 필요한 것도 아니고 저 점원의 사과가 필요할 뿐입니다."

"안 하겠다는데 그럼 어떻게 하냐고요?"라며 점장은 꼬투리를 놓지 않는 내가 점점 피곤하다는 듯 양보하면 안 되겠느냐는 어투로 이야기했다.

"좋아요, 사과할 수 없다면 지금 당장 이 도시 신문사에 찾아가 이 일을 상세히 설명해야겠군요. 내일 아침 신문에 나게 해 주겠어요. 함께 줄을 서 있던 독일인들의 가방은 그대로 두고 내 가방만 열어 본 건 분명 외국인에 대한 차별 행위고 명예훼손이 분명한데 사과도 받지 못했다고."

경찰도 무서워하지 않던 지점장이 갑자기 당황스러운 표정을 지으며 점원에게 "사과하면 안 되겠어요?"라며 애걸하기 시작했다. 계산원은 점점 사태가 심각해지자 당황은 하면서도 사과는 못하겠다는 듯 머뭇거리고 있었다. 궁지에 몰린 여직원을 똑바로 쳐다보며 다시 한 번 자존심을 긁기 시작했다.

"당신은, 가만 보니 외국인을 무시하기 위해 애쓰고 있는 불쌍한 독일인인 것 같은데. 여기 사는 외국인들 중에 당신보다 불쌍한 사람 없거든요. 그럴 시간 있으면 자기 아르바이트 권리가 어디까지인지 법 공부나 좀 하는 게 어때요? 내일 아침 이 슈퍼마켓을 신문에서 보지 않으려면 당장 사과해요."

점장도 절절매고 있으니 마지막에는 어쩔 수 없이 아주 불손한 태도로 사과를 했다. 나는 불손한 사과에 만족하지 못해 또 한마디를 했다. "다시 한 번 정중하게 하시죠. 그런 사과는 오히려 불쾌해지니 받아들일 수 없어요." 결국 그때서야 정중하게 사과를 했다. 사과를 받자마자 "바로 그겁니다. 내가 원하는 건. 당신 같은 인종주의자가 잘못을 인정하는 거"라고 당당하게 말하고 휙 돌아 나왔다.

처음 독일에 왔을 때는 이런 싸움을 많이 했다. 이 사람들의 관습을 몰라서 오해한 적도 있었고, 또 실제로 외국인을 무시하는 독일인과의 싸움이었다. 그런데 그런 일이 있을 때마다 내가 조금도 기죽지 않고 당당하게 싸울 수 있었던 것은 독일인의 아킬레스건이 무엇인지 잘 알고 있기 때문이었다. 이들을 가장 부끄럽게 하는 말은 "너 인종주의자니?"라는 말이다. 그래서 인종 문제로 싸움이 일어나도 외국인이 더 할 말이 많고 당당해질 수 있는 것이다.

인종주의자든 아니든 이런 말을 들으면 독일인들은 대단히 수치스러워하고 당황한다. 배운 사람이나 못 배운 사람이나 애나 어른이나 모두에게 부끄러운 역사를 들추는 잔인한 말이기 때문이다. 그래서 그런지 외국인에 대해 선입견을 가진 독일인을 가끔 만나기도 하지만 사는 데 크게 불편함을 느끼지는 않는다.

도시의 심장에 드리운 나치의 흔적들

베를린 여행자들의 필수 코스인 브란덴부르크 문과 국회의사당 건물을 설렁설렁 돌아보다가 우연히 찾아낸 곳이 '나치 시대 박해받은 동성애자를 위한 추모비(Denkmal für die im Nationalsozialismus verfolgten Homosexuellen)'였다.

브란덴부르크 문에서 어른 걸음으로 10분 정도 가면 베를린 사람들의 휴식처인 베를리너 티어가르텐이란 공원이 있다. 그 공원의 한쪽 모퉁이에 높이 3.6m, 폭 1.9m 크기의 비대칭 직육면체 시멘트 조형물이 서 있다. 나치에 의해 박해받았던 동성애자들의 영혼을 위로하기 위해 건립된 추모비다.

2003년 독일 기념비 경연 대회에서 입상하기도 한 이 조형물은 덴마크와 노르웨이의 예술가 엘름그린(Michael Elmgreen)과 드락셋(Ingar Dragset)의 합작품이다. 조형물 한쪽 벽에 나 있는 작은 창 안에는 몇 분짜리 짧은 영상물이 반복적으로 상영되고 있다. 처음 공원을 들어서면서 추모비를 보았을 때는 외벽에 아무런 장식도 색깔도 입히지 않

은 무의미해 보이는 회색 시멘트 조형물에 잠시 실망했다. '대체 뭘 보여 주겠다는 거야?'

그러나 작은 창을 들여다보는 순간 충격에 휩싸였다. 동성애자의 사랑을 그토록 애절하고 가슴 아프게 표현한 영상물은 지금까지 본 적이 없었던 것 같았다. 가슴이 아프다고 해야 할까, 아름답다고 해야 할까, 만감이 교차했던 당시의 느낌은 정확하게 언어로 표현하기가 어렵다.

두 청년이 포옹하며 입을 맞추는 장면이었다. 시대를 상징하듯 한 사람은 군복을 입고 있었고 20대 초반으로 보이는 젊은이들이었다. 몇 분 동안의 짧은 영상물이지만 너무 진지하고 아파 보이는 그들의 사랑이 좁은 추모비의 창을 통해 가슴을 울리며 전달되었다. 독일이라는 나라의 수도, 베를린의 심장부, 어린아이부터 노인까지 모든 시민들이 지나다니는 공원에서 하루 종일 돌아가고 있는 이 필름은 과연 내게 무엇을 전하려는 것일까. 잠시 생각에 잠겼다. 함께 갔던 우리 아이들이 창에 머리를 들이미는 순간 나도 모르게 움찔하며 밀쳐 내고 말았다. 결국 당시 겨우 5학년이었던 작은아이까지 보고야 말았지만, 내게는 아직도 받아들이기 힘든 이질적인 문화임이 분명했다.

제2차 세계대전 당시 침략국 독일에서 일어난 나치의 만행을 이야기할 때 사람들이 주목하는 사건은 유대인에 대한 핍박과 학살이다. 그러나 당시 강제수용소에서 원인도 모르고 죽어 간 사람들은 유대인만이 아니었다. 동성애자와 장애자, 히틀러가 건설하려는 강력한 독일 제국에 방해가 된다고 생각되는 사람들은 모두 잡아들여 그에 맞

베를린 중심 공원인 티어가르텐에 있는 '나치에 의해 박해당한 동성애자를 위한 추모비(아래). 추모비 안에는 가슴 아픈 동성애를 그린 짧은 영상물이 반복적으로 상영되고 있다(위)

는 인간형으로 교화하거나 멸종시키고자 했다.

나치가 정권을 잡기 전까지 베를린은 호모섹슈얼 문화가 꽃피던 도시였다. 베를린을 찾는 수많은 동성애자 관광객들은 주변의 눈치를 보지 않고도 그들만의 술집과 클럽, 카바레 등에서 게이 쇼를 즐길 수도 있었다. 당시는 베를린뿐만 아니라 쾰른과 함부르크 등 다른 대도시에서도 사랑을 속삭이는 동성애자들을 흔하게 만날 수 있었다고 한다.

1933년 독일 내에서 강력한 힘을 갖게 된 나치는 문화와 인종을 대상으로 대대적인 사회 개혁 운동을 벌이면서 도덕성을 문제 삼아 동성애자를 차별하기 시작한다. 그들의 눈에 보인 동성애자들은 나약하여 강한 군인 정신을 심어 줄 수 없을 뿐만 아니라, 자손을 퍼트리지도 못하는 아무짝에도 쓸모없는 종족으로 보였던 것이다.

1935년에는 정식으로 독일 제국법 175항에 동성애 금지법을 만들어 본격적으로 동성애자에 대한 사냥을 시작했다. 나치에게 성 소수자들은 독일 민족의 피를 더럽게 만드는 악마의 후예이기 때문에 제거해야 할 대상이었던 것이다. 동성애자 클럽을 강제로 해산시키고, 수많은 동성애자들을 수용소에 가두고 갖은 박해를 일삼았다.

갈수록 유대인에 대한 학대와 함께 동성애자에 대한 학대는 극에 달했다. 나치는 이들을 이성애자로 교화하기 위해 힘든 노동을 시킨다든지, 뇌 수술이나 호르몬 주사 등의 생체 실험까지 하기에 이른다. 인간의 본능적 행동 양식을 제어하는 기능인 대뇌의 백질을 제거하면 동성애자가 이성애자로 바뀔 것으로 믿고 뇌 수술을 했지만, 수술 후 오히려 정신이상자가 되어버리는 끔찍한 사건이 일어나기도 했다.

전쟁은 끝나고 나치가 물러났지만 동성애자들에 대한 독일 사회의 시선은 여전히 차가웠다. 당시에도 다양한 정신의학과 생물학 등 과학적인 근거를 동원해 동성애를 정신병으로 간주하고 치료의 대상으로 보았다. 이러한 독일 사회의 인식은 1987년 동성애가 정신병 목록에서 삭제될 때까지 계속되었다.

1985년, 제2차 세계대전 후 40년 만에 베를린 시장을 지낸 리하르트 폰 바이체커(Richard von Weizsäcker) 대통령에 의해 이 문제가 언급되면서 나치에 의해 박해받은 동성애자의 비극이 수면 위로 드러나기 시작했다. 마침내 1980년대 중반에 들어서면서 유대인 문제에만 전전긍긍하던 과거 청산을 위한 정치 활동이 동성애자로 그 영역을 넓혀 갔다.

그 후 1993년, 히틀러의 폭압으로 희생된 동성애자를 애도하는 시민운동이 본격적으로 일어나기 시작했고 동성애자연합(LSVD)의 적극적인 움직임으로 그들을 위한 추모비를 세우자는 데 뜻을 모았다.

2008년 5월 27일, 드디어 베를리너 티어가르텐에 스스로 동성애자라고 커밍아웃을 한 클라우스 보베라이트(Klaus Wowereit) 베를린 시장과 베른트 노이만(Bernd Neumann) 독일 문화부 장관이 참석한 가운데 개막식이 열리고 추모비가 세워졌다.

그로부터 이 추모비는 나치로부터 쫓기고 박해받았던 동성애자들의 억눌린 권리를 옹호하고, 반톨레랑스 정신을 비판하며, 이들을 소외시키고 적의를 품는 사회에 저항하는 상징이 되었다.

유럽에서 살해된 유대인들을 위한 추모비

'나치 시대 박해받은 동성애자를 위한 추모비.' 추모비 속의 영상물에서 무언의 메시지가 전해져 올 때 즈음 발걸음을 옮기니, 바로 그 옆에 그들과 함께 박해받았던 유대인의 영혼이 울고 있었다. 파리 목숨보다 하찮았던 인간의 생명, 홀로코스트는 인간 집단의 광기가 어디까지 갈 수 있는지 그 끝을 보여 준 희대의 학살극이었다.

베를리너 티어가르텐 바로 옆, 브란덴부르크 문에서 걸어서 10분 정도 거리에 1만 9000㎡ 나 되는 어마어마한 규모의 광장에 '유럽에서 살해된 유대인들을 위한 추모비(Denkmal für die ermordeten Juden Europas)'가 있다. 이 광장은 2003년에 시작하여 3년 여의 건축 기간을 거쳐 2005년 5월에 문을 연 거대한 추모 공간이다.

돌무덤을 생각나게 하는 홀로코스트 추모비 속을 걷다 보면 문득 60년 전 시체들 속을 헤집고 다니던 사람들이 갑자기 어디선가 튀어나올 것만 같았다. 눈물샘조차 말라버린 가죽만 남은 사람들이 나란히 누워 있는 모습인 것 같기도 하고, 차가운 돌이 된 영혼 위로 솜이불처럼 내려앉은 흰 눈이 잠시나마 잔인한 과거를 덮어 주는 듯도 했다.

4000만 유로 가치의 베를린 시내 중심 대지에 2760만 유로의 예산을 들여 건립된 추모비는 세계적인 미국의 건축 예술가 피터 아이젠만(Peter Eisenman)의 작품이다. 슈텔렌이란 시멘트 사각 돌기둥이 경사진 채 줄을 지어 정열되어 있는 형태를 하늘에서 내려다보면 리듬이 일정한 거대한 집단이다. 높이와 무게가 각기 다른 2711개의 슈텔렌은 4m가 넘는 높이부터 가장 무거운 것은 16t이나 된다고 한다.

　독일인들이 얼마나 철저하게 과거를 반성하고 속죄하는지에 대해서는 세계가 알고 있는 사실이다. 초등학교 저학년부터 수업 시간에 히틀러에 대한 주제를 언급하고 있고, 김나지움 5~6학년이 되면 역사와 정치 시간에 정식으로 배우기 시작한다.

　막연하게 세계대전이라는 테마의 한 부분으로 다루는 것이 아니라, 그가 왜 전쟁을 일으켰고 얼마나 잔인하게 유대인들을 학살했는지에 대해 희생자의 경험담이나 자서전 등의 부교재와 함께 아주 자세하고 적나라하게 공부한다.

　히틀러뿐만 아니라 나치에 동참했거나 무관심으로 일관했던 게르만 민족의 오만하고 비인간적인 처신 또한 간과하지 않는다. 독일인들은 이 엄청난 사건이 한 독재자의 비뚤어진 인성과 판단 때문이기도 하지만, 지나친 국수주의가 빚어낸 결과라고 생각하기 때문에 '나라 사랑' '조국을 위하여'라는 말도 쓰지 않게 되었다.

　'애국심'이라는 단어도 이 사회에서는 '내 나라만 잘살면 다른 나라는 어떻게 되어도 좋다는 이기심' 정도의 부정적인 의미다. 우리에겐 듣기만 해도 가슴이 뭉클해지는 아버지의 나라 즉, '조국'이라는 말과 동시에 떠올리는 것이 히틀러의 피 묻은 선동주의다. 지금까지 이들은 희대의 독재자 히틀러의 심리적 연구는 물론이고, 세계 역사 속에서 다시는 그 같은 일이 일어나지 않기를 바라며 자라나는 2세들의 바른 인성 교육에도 많은 투자를 해왔다.

　그 모든 노력도 부족하다고 생각했는지, 전 세계인들이 찾아오는 베를린의 가장 중심에 대규모 추모비를 세워 알리고 있다. 과거 독일인들은 이렇게 잔인했다고. 아니 인간은 이렇게 극단적인 광기를 선택할 수도 있다고.

그러나 여전히 이 나라에는 히틀러를 흠모하는 사람들의 집단이 지금도 있어 간간이 정부와 국민들을 긴장시킨다. 네오나치, 제2차 세계대전 후 지금까지 고개를 조아리고 있는 독일인들의 반성 무드에 찬물을 끼얹는 무리다. 그러나 얼마 전 유럽의회 선거는 뜻밖에도 독일뿐만 아니라 전 유럽에서 이들이 주축이 된 극우파 정당의 약진이라는 의외의 결과를 보여 주어, 과연 이들의 속마음은 무엇일까 하는 의문을 갖게도 했다. 이 결과에 대해 극소수 극우파들이 고무되는 것과 반대로 많은 연구 기관과 언론에서는 "선거에 대한 일반인들의 무관심이 이런 결과를 초래했다"며 속을 들여다보면 실제적인 약진은 아니라고 주장했다.

독일에서 선거에 참여하지 않는 평범한 정치 성향을 가진 젊은이들은 대체적으로 중도좌파인 사민당(SPD)과 녹색당(Die Grünen)을 지지하는 성향을 나타낸다. 그러나 그들은 근본적으로 정치에 무관심하여 선거에 관심이 없는 반면, 극우파 정당으로 악명 높은 NPD(Nationaldemokratische Patei Deutschlands)의 유권자들은 극소수이지만 정치적 성향이 강한 집단이라 반드시 투표에 참여하기 때문이라는 것이다. 그 결과 NPD는 전체 인구의 실질적인 정치 성향과 다르게 항상 실제보다 높은 퍼센트의 표를 얻는다.

실제로 내가 사는 도시 아헨에서도 가끔 그런 일이 발생한다. 아헨

나치에 의해 희생된 유대인들을 위한 추모비

에서 네오나치가 많이 산다고 소문이 나 있는 스톨베르크(Stolberg)라는 도시가 있다. 최근 이곳에 NPD의 모임이 잦아서 아헨 지역 사람들의 우려가 커져 가고 있다. 한 번쯤은 대회를 구경이라도 하고 싶지만 외국인들은 특히 위험한 곳이라 소문만 듣고 있을 뿐이다. 스톨베르크에서 NPD의 모임이 있을 때마다 스톨베르크뿐만 아니라 전체 아헨이 떠들썩할 정도로 그 반대파들의 데모도 만만치 않아 온 도시를 긴장시키곤 한다.

그러나 그들이 극소수 비뚤어진 극우주의자들일 뿐이라는 사실은 대회가 있을 때마다 입증된다. 최근 모임에서도 NPD 측에서는 120명의 당원들이 모일 것이라고 해당 관공서에 신고했으나 실제로 모인 회원은 50명도 채 되지 않았다. 그런데 재미있는 것은 그 50명을 에워싼 경찰 인력이 650명, 거기에 네오나치에 반대하는 700여 명의 데모대가 "스톨베르크의 라디칼리스무스(급진주의)를 반대한다!"라는 구호와 함께 바로 건너편에 진을 치고 있었다. 그 반대파 데모 군중 속에는 페디 가츠바일러 스톨베르크 시장도 항상 함께 있었다. 모임이 있을 때마다 도시 전체가 긴장하곤 하지만 속을 들여다보면 매번 극소수의 인원이었고, 열 배가 넘는 경찰 인력이 투입되곤 했다. 이러한 비생산적인 일이 계속되고 스톨베르크가 점점 아헨의 네오나치 진원지라는 이미지로 부각되는 것을 우려한 페디 가츠바일러 시장은 NPD의 모임을 불허할 수 있는 법적인 근거를 확보하기 위해 독일 헌법재판소에 제소하기도 했다.

이렇게 대부분의 독일 국민이 치를 떠는 네오나치는 한국인의 눈으로 보면 무슨 큰 범죄 집단이 아니다. 바로 독일 애국자들의 모임이다. 독일을 사랑하고 독일인을 지키려는 사람들이다. "독일인이 아니면 모두 이 땅에서 내보내자!"라며 우리나라 독일, 사랑하는 나의 조국을 외치는 사람들이다. 그런데 대부분의 독일인들에게 이들의 애국심이 심각한 사회문제로 취급된다는 사실이 많은 것을 생각하게 한다.

벽난로 단상

베를린을 여행하는 동안 잠깐 시간을 내어 오래 알고 지내던 친구 집을 방문했다. 서로 메일이나 전화로만 연락하고 살았지 직접 집을 찾아간 것은 처음이었다. 10여 년 만에 만났지만 전화로 목소리를 자주 들었던 때문인지 바로 며칠 전에 만난 것처럼 전혀 어색하지 않았다. 잠시였지만 얼굴을 대하니 할 말이 더 많아져 시간 가는 줄 모르고 떠들었다.

작고 아담한 그 친구 집에서는 낡은 벽난로가 집의 난방을 위해 요긴하게 쓰이고 있었다. 남쪽보다 추운 베를린이라서인지 허름한 벽난로였지만 우리 집보다 더 따뜻하게 느껴졌다. 친구와 커피를 마시며 "한국에서 벽난로는 호화로운 별장에나 있다고 생각했는데"라고 말했다. 그리고 벽난로가 등장하는 드라마 이야기를 이어 나가며 낄낄거리고 웃곤 했다.

"무리를 이탈한 두 사람은 이미 네다섯 시간이나 눈 덮인 산속을 헤

독일인에게 벽난로는 겨울이나 환절기에 난방비를 절약하기 위해 애용하는 실용품이다

매었습니다. 어두운 밤이 찾아오면서 추위와 공포에 떨던 그들은 희미한 한줄기 빛을 발견하고는 서로 부둥켜안고 어쩔 줄 몰라 하며 기뻐합니다. 그러나 두 사람은 쑥스러운 듯 이내 고개를 돌립니다. 그들은 먼발치에서 눈빛만 주고받던 관계라는 것을 순간 잊었던 것입니다. 그 밤 불빛을 따라 찾아간 곳은 산장 관리인의 낡은 오두막이었습니다. 오두막에서 몇십 미터 떨어진 산장을 안내한 산장지기는 열쇠를 던져 주고는 무성의하게 현관문을 닫고 돌아가버립니다. 산장은 오래전부터 인적이 끊긴 듯 온기가 없습니다. 유일하게 몸을 녹일 수

있는 벽난로. 주섬주섬 벽난로 주변에 흩어져 있는 장작을 모아 불을 지핍니다. 한기가 사라지며 두 사람의 뺨은 발그레 달아오릅니다. 남자는 여자의 어깨에 슬며시 손을 올리며 머리를 가까이 대어 봅니다. 여자는 아무런 저항 없이 벽난로만 응시하고 있습니다. 잠시 후 두 사람은 조용히 얼굴을 마주 보며 다가갑니다…….”

영화나 드라마에 벽난로가 등장하면 으레 엮어지는 스토리다.

이처럼 우리에게 벽난로는 정취 있는 별장과 함께, 아니면 소수의 호화 주택에서나 만날 수 있는 조금은 사치스럽고 서구적인 분위기를 풍기는 그 무엇이다.

그렇다면 독일인들에게 벽난로란 어떤 것일까? 이들에게는 그저 연료를 절약하기 위한 평범한 난방 용품이다. 우리가 늘 상상하는 벽난로에 대한 럭셔리함과는 확연히 다르다.

특히 봄가을이면 집 전체에 난방을 할 필요 없이 벽난로 온기만으로도 훈훈함을 유지할 수 있기 때문에 요긴하다. 워낙 절약이 생활화된 사람들이라 한겨울에도 집안을 춥게 하고 두꺼운 외투 차림으로 생활하는 사람들도 많다. 그러다 보니 연료를 절약할 수 있는 벽난로에 관심이 많은 것 같다.

그러나 독일에서도 벽난로는 아파트에 사는 서민들에게는 해당 사항이 없는 약간은 사치스러운 실용품이다. 최소한 단독주택에 살 수 있는 정도는 되어야 꿈꾸어 볼 수 있으니 말이다.

이 나라에서 아파트란 개념은 한국과 달리 가난한 사람들이 주로 사는 주거 공간이다. 그렇다고 벽난로가 전적으로 부자들만의 전유물은 아니다. 부자가 아니라 중산층 정도로 끼니 걱정을 간신히 면하고 사는 사람들도 단독주택에 살 수 있기 때문이다.

집을 사려고 돌아다니다가 지금 살고 있는 지은 지 오래되었지만 마음에 드는 단독주택을 발견했다. 여기저기 손볼 곳은 많지만 구조와 크기, 위치 등이 적당한 것 같아 구체적으로 흥정을 하며 수리비를 계산하기 시작했다.

이 집에 50년이 넘은 낡은 벽난로가 빛바랜 초록 타일을 감싸고 한쪽 벽을 차지하고 있었다. 전문가에게 수리비 예산을 뽑아 달라고 하면서 "난 저 벽난로부터 없애고 세련되게 바꾸고 싶어"라고 했더니 "저 벽난로가 얼마나 좋은데 부수려고 하느냐"라며 눈을 크게 뜨고 이해할 수 없다는 듯한 반응을 보였다. 지금은 만들 수도 없는 귀한 것이고, 독일인이라면 절대로 없애지 않을 것이라고 했다.

한동안 벽난로 때문에 고민하다가 결국은 외부만 예쁘게 다시 칠해서 지금도 요긴하게 사용하고 있다. 요즘 만든 장식을 겸한 벽난로는 한쪽 벽에 자리를 차지하고 있을 뿐 집 전체를 덥힐 수 없지만 우리 집은 굴뚝이 방마다 연결되어 있어 벽난로 하나만으로도 겨울을 날 수 있을 정도로 실용적이다. 불을 지필 때마다 없애지 않은 것이 천만다행이라고 생각하며 그때 진지하게 조언해 주었던 실내장식가에게 감사하고 있다.

벽난로의 땔감을 가장 싸게 구하려면 숲에 잘려 있는 나무를 직접 주워 와서 저장해야 한다. 늦가을 주택가를 산책하다 보면 숲에서 가져온 통나무를 패는 사람들을 만날 수 있다. 이렇게 팬 장작을 정원한 모퉁이에 가득 쌓아 두고 따뜻한 겨울을 맞이하는 것이다. 한국에는 이미 추억으로만 남아 있는 이 장면이 이 나라에서는 여유 있는 사람들의 겨울나기 필수 과정이다.

십수 년 전, 한국을 떠날 때 즈음 나는 누가 더 최신형 컴퓨터 앞에 앉아서 최고급 휴대전화를 사용하는가에만 관심을 기울이고 있었다. 그러다가 독일에 와서 구슬땀을 흘리며 장작을 패고 있는 사람들과 집 한쪽 벽에 그득히 쌓인 장작더미를 보면서 묘한 느낌이 들었다. '왜 이 사람들은 시간을 거꾸로 살고 있지?'라면서.

첨단 문명을 향해서만 달리느라 잊고 있던 한국의 옛 모습이 우리보다 선진국이라는 이 나라에서는 여전히 많은 사람들에게 사랑받고 있다는 사실이 신기하게 다가오기 시작했다. 그것도 먹고살 만한 사람들의 생활 속에 마음의 여유를 자랑이라도 하듯 스며들어 있었던 것이다. 나는 독일인의 삶에서 그런 느낌을 자주 받는다. 무엇인가 시대의 조류를 외면하고 거꾸로 가고 있는 것 같은. 또 그 길을 최첨단 기기를 사용하는 행위만큼이나 자랑스러워 한다는 것을.

한국사의 한 페이지에 기록된 포츠담

겨우 베를린 외곽 몇 곳을 둘러보았을 뿐인데 흐린 날씨로 얼굴도 내밀지 않았던 짧은 겨울 해는 이미 빛을 잃은 듯했다. 서둘러 호텔로 돌아가야 했지만 무리해서 포츠담으로 차를 돌렸다. 이유 없이 이 도시가 나를 부르고 있는 듯해서였다.

베를린에서 10번 아우토반을 타고 남서쪽으로 25km 정도 내려가면 포츠담이다. 언뜻 보아도 사방이 울창한 나무들로 둘러싸여 있는 도시는 면적의 75% 이상이 녹지다. 하펠(Havel) 강을 포함해 20여 개의 호수와 강이 숲과 어우러져 자연경관이 아름다운 곳으로도 유명하다.

베를린을 여행하기 위해 독일 동북쪽을 지나가는 한국 사람이라면 누구나 한 번쯤 둘러보고 싶은 도시일 것이다. 일본 군국주의자들에게 전쟁에 대한 책임을 통감하고 그 죄를 뉘우치도록 요구했던 '포츠담 선언'과 나치의 무장해제와 비군사화, 민주화를 명시했던 '포츠담 협정'이 조인되었던 장소로 유명한 곳이어서 한국인이라면 누구에게나 익숙한 이름이다.

일본은 이 선언을 거부한 대가로 히로시마와 나가사키에 원자폭탄이 투하되는 참사를 겪었다. 결국 일본은 포츠담 선언을 수락할 수밖에 없었고, 이로 인해 전쟁이 끝나면서 한국은 해방을 맞게 되었다. 지난 세월 아픈 우리의 역사 속에 자주 등장하는 이 도시가 내 머릿속에 거대한 그림으로 자리 잡고 있었던 모양이다. 내가 태어난 동양의 작은 나라, 한국사의 한 페이지에 이름이 올라 있는 동네였기에 남다르게 다가왔던 것 같다. 아, 포츠담, 공연히 가슴을 설레며 도시 안으로 성큼 차를 몰아 들어갔다.

그런데 지난 역사에 무게를 두고 생각의 고리를 풀어 가다 보니, 포츠담이 오랜 세월 공산주의 치하에 있었다는 사실을 잠시 잊고 있었다. 고속도로 톨게이트를 지나자마자 허름한 건물들의 외벽과 뭔가

독일 영화사를 한눈에 볼 수 있는 포츠담 영화박물관

포츠담 영화박물관에는 수많은 영화 소품과 사진 들이 전시되어 있다

정리되지 않은 스카이라인이 감지되는 순간, 그제야 황량한 반세기의 역사가 눈앞에 있음을 알 수 있었다.

포츠담에서 가장 번화가인 브란덴브어거슈트라세(Brandenburgerstrasse)도 곳곳에 바로크 양식의 건물들이 원형을 보존하고 있기는 했지만 활기차 보이지는 않았다. 바로 옆에 베를린이란 메트로폴리탄을 끼고 있는 동네라고는 상상하기 힘들 정도였다. 그러나 이 도시에서 50년 전, 그 너머의 역사를 본다는 사실은 매력적이고 흥미진진한 일이었다. 구동독 시대의 궁핍한 재정으로 제대로 보수를 하지는 못했지만 역사적 의미가 있는 건물들이 하나도 훼손되지 않고 그대로여서 놀라웠다.

서부 독일의 말끔하게 수리되고 정돈된 문화재보다 지난 세월 풍진을 그대로 드러내고 있는 건물들에서 역사가 더 깊이 느껴지는 것 같아 나름대로 의미 있어 보이기도 했다. 마치 아직 자산 가치를 검증조차 받지 않은 보물들이 여기저기 흩어져 있는 것 같은 느낌이랄까? 가는 곳마다 보수공사가 한창인 포츠담에서 받은 강렬한 인상이었다. 문화 자원이 무궁무진한 이 도시가 훗날 어떻게 변할지 여행객의 호기심을 자극하기에 충분했다.

브란덴부르크(Brandenburg) 주는 수도 베를린 주변을 감싸고 있는 북동 독일에서 가장 큰 면적을 차지하고 있다. 통일 후 구동독에서 편입된 이 주의 주도가 바로 포츠담이다. 동으로는 오데르(Oder) 강을 경계로 폴란드와, 남으로는 독일의 작센(Sachsen) 주, 서로는 작센안할트(Sachsen-Anhalt) 주와 니더작센(Niedersachsen) 주와 경계를 접하고 있는 브란덴부르크는 독일에서 다섯 번째로 큰 주이면서 구동독 다섯 개 주중에서 가장 넓은 지역이다. 동서 통일 후 1990년 포츠담과 프랑크푸르트, 코트부스(Cottbus)와 노이브란덴부르크(Neubrandenburg), 슈베린(Schwerin)의 일부가 합쳐지면서 통일 전에 사라졌던 옛 이름을 되찾아 브란덴부르크라고 명명했다. 포츠담은 19세기 중반부터 학문의 중심 도시로 발달하면서 그 명성을 세계에 알려 왔다. 오늘날까지도 세 개나 되는 대학과 30여 개의 연구소가 당시의 명성을 증언이라도 하듯 활발하게 가동되고 있다. 인구 149만의 이 도시에 15%가 학생이니 가히 대학 도시로 불리기에 부족함이 없다.

이 도시는 유럽에서 가장 유명한 영화 제작의 중심지로도 유명하다. 독일의 전통 있는 옛 영화사인 UFA 바벨스베르크 스튜디오가 있는 곳이기도 하다. 이곳에 들어와 있는 영화 제작사들은 규모도 물론이지만 현대적인 시스템을 갖추고 있어, 갈수록 많은 영화인들이 제작을 위해 포츠담을 찾고 있다고 한다.

미디어의 도시라고 일컫는 바벨스베르크에 가면 46ha에 달하는 대규모 영상 단지가 조성되어 있다. 이곳에는 16개의 스튜디오와 100여 개의 영화사 및 방송국, 관련 기업이 입주해서 1750여 명의 영화계 종사자들이 예술을 꽃피우는 곳이기도 하다. 단지 안에는 가족 놀이 공간인 필름 공원이 조성되어 주말마다 가족 중심의 관광객이 찾기도 한다.

시내 중심 가까운 곳에 독일 영화사를 한눈에 볼 수 있는 포츠담 영화박물관이 있어 둘러보았다. 고성을 개조한 독일에서 가장 오래된 이 영화박물관에는 700여 점의 소품과 1950년대부터의 영상물들이 전시되어 있었다. 바로 옆에는 영화가 상영되고 있고, 그 영화에 등장

프로이센의 프리드리히 2세가 예술에 심취해 여름휴가를 보냈던 로코코 양식의 상수시 궁

한 소품들을 실제로 보고 있다고 생각하니 신기하면서도 색다른 감동으로 다가왔다.

포츠담에 가면 꼭 가 보고 싶은 곳은 독일에서도 아름답기로 유명한 상수시 궁(Schloss Sanssouci)이었다. 이름은 수도 없이 들었지만 실제로 가 보기는 처음이었다. 상수시 궁이 있는 상수시 공원은 수천 그루의 포도나무와 나무 울타리, 드넓은 잔디가 펼쳐져 있는 바로크 양식 공원이다. 그 광활한 공원의 동쪽에 위치한 아름다운 성이 바로 상수시 성이다. 겨울이라 포도나무와 잘 가꾸어진 정원을 볼 수는 없었지만 그 웅장한 규모에 가슴이 탁 트였다.

프로이센의 프리드리히 2세는 1745년부터 1747년까지 포츠담에 로코코 양식의 궁전을 지어 놓고 이곳에서 예술에 심취해 여름휴가를 보내곤 했다. 궁전의 이름인 '상수시(sans souci)'란 말도 걱정이 없다는 의미다. 프리드리히 빌헬름 4세에 의해 1840~1842년에 증축되어 지금의 규모로 완공되었다.

날씨가 따뜻해지고 만물이 살아나면 더 아름다울 텐데……. 상수시 공원은 많은 아쉬움을 남게 했다. 언젠가 만물이 소생하는 계절에 반드시 다시 찾으리라 다짐하고 발걸음을 돌렸다.

독일 통일을 이끌어낸 라이프치히의 촛불

요한 세바스티안 바흐(Johann Sebastian Bach)와 펠릭스 멘델스존(Felix

Mendelssohn)이 생각나는 도시.

독일 작센 주에서 가장 큰 도시, 라이프치히(Leipzig)에 가면 멘델스존의 〈결혼행진곡〉이 웅장하게 울려 퍼질 것만 같았다. 혹은 바흐의 〈브란덴부르크 협주곡〉이 하얀 뭉게구름이 떠가는 청옥빛 하늘에 넘쳐흐를지도 모른다는 환상을 갖고 있었다. 음악과 구동독의 흔적들은 과거 이 지역이 품고 있던 쓰리고도 귀한 역사의 자락들이다. 1723년 라이프치히로 온 바흐가 1750년 그의 생을 마감할 때까지 토마스 교회의 성가대 지휘자로 명성을 높이기도 했던 만큼, 곳곳에 바흐의 흔적들이 남아 있다.

인구 53만의 이 도시는 할레(Halle), 드레스덴 등과 함께 작센안할트 주와 튀링겐(Thüringen) 주로 이어지는 중동부 독일의 중심 역할을 하고 있다. 라이프치히가 엄연한 독립된 도시로 성장하기 시작한 때는 1165년으로 거슬러 올라가야 한다. 그때부터 도시는 이미 동부 독일의 중요한 상업 중심지로 활기를 띠고 있었고 1190년에는 세계에서 가장 처음으로 상업 박람회가 개최되기도 했다.

그 후 1937년, 공식적으로 '제국 박람회의 도시 라이프치히'로 불리기까지 했다. 피비린내 나는 수차례의 전쟁을 치르고 반세기 동안이나 동독 공산주의 체제하에서 자유로운 상업이 제한받기도 했지만, 여전히 동유럽에서 활발하게 박람회가 개최되고 있는 도시 중의 하나다. 그러나 통일 후 라이프치히는 예술과 체제와 상업의 중심지보다는 통일 독일의 맥박을 뛰게 한 '영웅의 도시'로 더 유명하다.

1989년 9월 4일 월요일, 니콜라우스 교회에서 평화의 기도를 끝낸

요한 세바스티안 바흐가 1723년부터 1750년, 생을 마감할 때까지 성가대 지휘자로 있었던 라이프치히의 토마스 교회

정교하고 아름다운 토마스 교회 벽 장식

시민들은 기도회가 끝났음에도 교회를 떠나지 않았다. 그들은 서서히 교회 앞 광장에 나와 '자유'를 외치기 시작했다.

라이프치히 니콜라우스 교회에서는 1982년부터 크리스티안 퓌러(Christian Führer) 목사가 인도하는 기도 모임이 있었다. 독일인들이 통일을 이야기할 때 가장 먼저 떠올리는 사람인 크리스티안 퓌러 목사, 그는 냉전 시대 동서 진영의 군비경쟁을 반대하고 평화를 기원하는 '평화의 기도회'를 조직하고 이끌었던 장본인이다.

7년 여의 조용한 기도의 시간이 지나자 사람들은 서서히 밖으로 나가 목소리를 높이기 시작했다. 그들은 평화와 자유를 갈구했다. 무엇보다 '여행의 자유', 라이프치히를 떠날 수 있는 자유를 달라고 외쳤다.

그 후 라이프치히 월요시위는 드레스덴과 할레 등 주변 도시로 퍼져 나가기 시작했다. 시위 규모는 날로 거대해지고 전 동독으로 영향력을 더해 갔다. 1989년 10월 9일, 그날도 평화의 기도가 끝나고 사람들은 하나둘 촛불을 밝혀 손에 들고 니콜라우스 교회 앞 광장으로 걸어 나갔다.

광장엔 이미 수많은 라이프치히 시민들이 그들을 기다리고 있었다. 마침내 종교를 초월한 그들은 함께 라이프치히 시내를 향해 평화로운 시위를 시작했다. 시위 군중은 점점 많아져 무려 7만에 이르렀다.

그날은 경찰도 그들을 막지 않았다. 시위군이 폭력을 행사하지 않는 한 먼저 진압하지 말라는 명령이 있었기 때문이다. 만일 그날 무력으로 시위를 진압했다면 어마어마한 유혈 사태가 벌어졌을 것은 자명한 상황이었다. '시위군이 폭력을 행사하지 않는 한 먼저 진압하지 말

1813년 나폴레옹에 대항해 싸웠던 라이프치히의 국민 전투 폴거슐라흐트 기념비

라'는 이 명령의 주체가 누구인지는 지금도 명확히 밝혀지지 않고 있다고 한다.

그렇게 이 시위는 라이프치히의 종교인과 예술인, 도시를 움직이는 지식인까지 대거 참여하면서 언론에도 공식적으로 알려지게 되었다. 1989년 11월 9일, 그로부터 정확히 한 달 후, 독일 분단의 상징으로 동서를 가로막고 있던 베를린 장벽은 무너졌다.

라이프치히 여행 중 시내 중심가를 돌아다닌 날은 토요일 저녁이었다. 보통 이 시간이면 도시가 텅 비어 있을 때지만 라이프치히는 박람회로 활기에 넘쳤다. 45년 동안 정지된 언로를 뚫고 자유와 평화를 쟁취한 라이프치히 시민들의 함성이 도시 곳곳에 아직도 살아 숨 쉬고 있었다.

1년 중 50여 차례가 넘는 박람회는 도시의 충분한 에너지원으로 쉬지 않고 젊은 피를 공급해 주고 있다. 라이프치히는 과거도 현재도 역동적이지만 그 미래가 더욱 기대되는 도시였다.

정부를 비판해야 한다고 홍보하는 나라

독일연방공화국의 수도 베를린을 돌아다니다 보니 나치에 의해 상처받고 파괴된 영혼들을 기억하지 않을 수 없었다. 도시 곳곳에 세워져 있는 추모비에서 뿜어져 나오는 원혼들의 애달픈 울음소리가 아무리 귀를 막아도 듣지 않을 수 없었다. 독일인은 곳곳에 추모비를 세워

잔인한 지난 과거를 형식적으로만 반성하는 것이 아니다. 이 나라에 살다 보면 사회 곳곳에 다시는 그 같은 과거가 재현되지 않기를 바라는 노력들을 경험할 수 있다.

독일 사회의 정의에 관한 경험 중 우리와 큰 차이를 보이는 것은 비판에 대한 수용이다. 내가 받은 교육을 통해서는 얼른 수긍이 가지 않을 정도로 지나치게 날카로운 비판이 여기선 당연시된다. 정부를 향해서든, 사회를 향해서든, 또 초등학생부터 노인에 이르기까지.

몇 해 전 영주권 시험 때문에 '외국인을 위한 독일에 관한 상식' 문제들을 풀어 보다가 다음과 같은 인상적인 문제를 보았다.

> 독일에서는 공개적으로 정부에 반대하는 말을 할 수 있다. 왜냐하면······
> (In Deutschland dürfen Menschen offen etwas gegen die Regierung sagen, weil······)
>
> 1. 종교의 자유에 해당되기 때문에
> 2. 세금을 내기 때문에
> 3. 선거권이 있기 때문에
> 4. 표현의 자유에 해당되기 때문에

답은 당연히 4번이다. 초등학생도 아는 문제일 것이다. 여기서 '정부에 반대하는 말'이란 '비판'을 의미하지만 직역에 충실하기 위해 비판이라고 번역하지 않았다.

이 질문이 흥미로웠던 것은 문제의 의도 때문이 아니었다. 왜 표현의 자유에 대해 설명하기 위해 다른 예도 많은데 굳이 "정부에 반대하는 말을 할 수 있다"라는 예문을 들었던 것일까? 그것도 골치 아프게 독일에 살려는 외국인들에게 말이다. 이 내용은 초등학교 수업 시간에도 나온다. "독일 국민은 정부와 정부의 정책을 비판할 권리가 있다"라고.

그런데 정부에 대한 비판이 중요하다는 사실만 강조할 뿐, 우리처럼 비판하는 사람들을 바로잡겠다고 정책을 홍보하고 사람들을 끌어모아 홍보 요원을 키우지는 않는다. 아무 조건 없이 국민의 자발적인 판단과 언론에 맡겨 둔다.

독일이 이처럼 자국민이나 독일에 거주하는 영주권자들을 대상으로 정부 비판에 대한 중요성을 강조하는 이유는 잔혹한 나치 시대를 경험하고 나서 비판의 중요성을 절감했기 때문이다.

어떻게 그 많은 지식인들이 눈을 버젓이 뜨고 있는데 '아리안 민족 정화'라는 말도 안 되는 명목으로 인종 청소를 자행하는 히틀러의 준동에 놀아날 수 있었던 것일까? 그것을 가능하게 한 가장 중요한 요인은 국민의 귀를 막고 눈을 멀게 한 미디어의 힘 때문이었다.

히틀러의 뒤에는 그의 독재와 학살을 정당화시키고 대국민 선전·선동에 앞장섰던 파울 괴벨스(Paul Joseph Goebbels)라는 비뚤어진 지식인이 있었다. 그가 만일 히틀러를 만나지 않았다면 독일인이 홀로코스트와 같은 역사의 범죄자가 되지 않을 수도 있었다. 당시의 모든 독일 국민들은 문화와 예술을 철저히 정치화하고 지식인을 탄압하기 위해 괴벨스가 제작한 독재 프레젠테이션에 놀아났던 것이다. 언론을 통폐합하고 히틀러를 신격화하고 유대인을 몰아내기 위한 그의 프로파간

다에 속아 넘어갔다.

　한 사람이 모든 정보를 수렴할 수는 없다. 우리는 미디어라는 장치에 의해 취사선택되고 걸러진 정보만을 접하게 된다. 그런데 그 미디어를 장악한 사람들이 사악한 무리라면 결과는 불을 보듯 확연하다. 자신들의 권력에 이익이 되는 정보만 대외에 알리고 해가 되면 차단해버린다. 또 권력에 누가 되는 진실은 픽션으로 둔갑해 버릴 것이다.

　미디어를 통해서만 세상을 보는 대중은 믿을 수밖에 없다. 의심을 시작하다가도 누구나 동조하는 정보라고 생각하면 그 정보가 진실인 양 믿는다. 또 틀리더라도 그 길이 안전하다고 믿기 때문에 미디어가 주는 진실 쪽으로 발을 옮긴다.

　부패한 정권의 하수인이 된 미디어나 독재의 나팔수들이 멀쩡한 지식인의 마음을 돌릴 수 있는 주제는 의외로 도덕과 정의와 사랑, 관용, 애국심 등과 같은 좋은 말들이다.

　그들은 비판의 칼날을 빼어 든 사람들을 관용이나 온유함과는 거리가 멀게 묘사한다. 비리를 보고도 날카로운 비판을 하는 사람보다는 사랑으로 모두 품고 가는 사람을 칭찬한다. 어두운 곳을 들추려는 사람은 성장 과정부터 그릇된, 비뚤어진 인간의 전형인 양 가르친다. 실제로 지금도 한국 사회에서는 쓰지만 바른 말을 하는 적지 않은 지식인들이 그런 멍에를 쓰고 살아간다.

　부패한 정권이 미디어를 점령하려는 가장 큰 이유는 바로 여기에 있다. 독일이 교육을 통해 혹은 전 국민을 상대로 기회 있을 때마다 정부를 비판해야 하고, 정의롭지 못한 일을 참아서는 안 된다고 가르치는 이유도 이런 위험성으로부터 벗어나고 이를 예방하기 위함이다. 지금도 이들의 뇌리에 남아 있는 무시무시한 히틀러의 망령. 너무도 무섭지 않은가.

KI신서 4142
일생에 한번은 독일을 만나라

1판 1쇄 발행 2012년 9월 12일
1판 11쇄 발행 2019년 4월 1일

지은이 박성숙
펴낸이 김영곤 박선영 **펴낸곳** ㈜북이십일 21세기북스
출판사업본부장 정지은
인문기획팀 장보라 양으녕 윤홍 이정인 김다미
마케팅본부장 이은정
마케팅1팀 나은경 박화인 **마케팅2팀** 배상현 김윤희 이현진
마케팅3팀 한충희 김수현 최명열 윤승환 **마케팅4팀** 왕인정 김보희 정유진
홍보기획팀 이혜연 최수아 박혜림 문소라 전효은 염진아 김선아 양다솔
디자인 디박스 **제작팀** 이영민 권경민

출판등록 2000년 5월 6일 제406-2003-061호
주소 (10881) 경기도 파주시 회동길 201(문발동)
대표전화 031-955-2100 팩스 031-955-2151 이메일 book21@book21.co.kr

㈜북이십일 경계를 허무는 콘텐츠 리더
21세기북스 채널에서 도서 정보와 다양한 영상자료, 이벤트를 만나세요!
페이스북 facebook.com/jiinpill21 포스트 post.naver.com/21c_editors
인스타그램 instagram.com/jiinpill21 홈페이지 www.book21.com
서울대 가지 않아도 들을 수 있는 명강의! 〈서가명강〉
네이버 오디오클립, 팟빵, 팟캐스트에서 '서가명강'을 검색해보세요!

ⓒ 박성숙, 2012

책값은 뒤표지에 있습니다.
ISBN 978-89-509-3899-4 13810

이 책 내용의 일부 또는 전부를 재사용하려면 반드시 ㈜북이십일의 동의를 얻어야 합니다.
잘못 만들어진 책은 구입하신 서점에서 교환해 드립니다.